La Sanación
de la
Era de la Iluminación

STANLEY BURROUGHS

LA SANACIÓN DE LA ERA DE LA ILUMINACIÓN

ALIMENTACIÓN EQUILIBRADA
REFLEXOLOGÍA (VITA FLEX)
TERAPIA DE COLOR

EDICIONES OBELISCO

Si este libro le ha interesado y desea que le mantengamos informado de nuestras publicaciones, escríbanos indicándonos qué temas son de su interés (Astrología, Autoayuda, Ciencias Ocultas, Artes Marciales, Naturismo, Espiritualidad, Tradición) y gustosamente le complaceremos. Puede encontrar nuestro catálogo en: http:/www.edicionesobelisco.com

Colección Obelisco Salud
La sanación de la Era de la Iluminación
Stanley Burroughs

Primera edición: junio de 2001

Traducción: Jordi Quingles
Diseño portada: Michael Newman

© by Alisa Burroughs, 1993
© by Ediciones Obelisco, S.L. 2001
(Reservados todos los derechos para la lengua española)
Edita: Ediciones Obelisco, S.L.
Pere IV, 78 (Edif. Pedro IV) 4ª planta 5ª puerta
08005 Barcelona - España Tel. 93 309 85 25
Fax 93 309 85 23
Castillo, 540 - Tel y Fax 541-771 43 82
1414 Buenos Aires (Argentina)
E-mail: obelisco@airtel.net
Depósito legal: B-14.535-2001
ISBN: 84-7720-816-6

Printed in Spain

Impreso en España en los talleres gráficos de Romanyà Valls, S.A.
Verdaguer, 1- 08786 Capellades (Barcelona)

Ninguna parte de esta publicación, incluido el diseño de la cubierta puede ser reproducida, almacenada, transmitida o utilizada en manera alguna ni por ningún medio, ya sea electrónico, químico, mecánico, óptico, de grabación o electrográfico, sin el previo consentimiento por escrito del editor.

«UNA COMBINACIÓN PROVECHOSA»

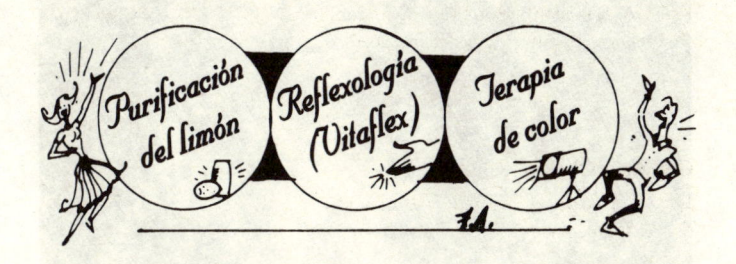

- Purificación del limón
- Reflexología (Vitaflex)
- Terapia de color

Que se devolverá la esperanza
Que se reportará conocimiento
Que se llevará a la verdad

Presento este libro para que usted se pueda ayudar a sí mismo y pueda ayudar a los demás. Saque el mayor partido posible de esta obra, sabiendo que aquí encontrará lo más eficaz en el campo de la sanación.

«Que nadie se niegue a escuchar y a ser sanado, no sea que traiga la miseria, el dolor y el sufrimiento a aquellos que dependen de su ayuda y su consejo.»

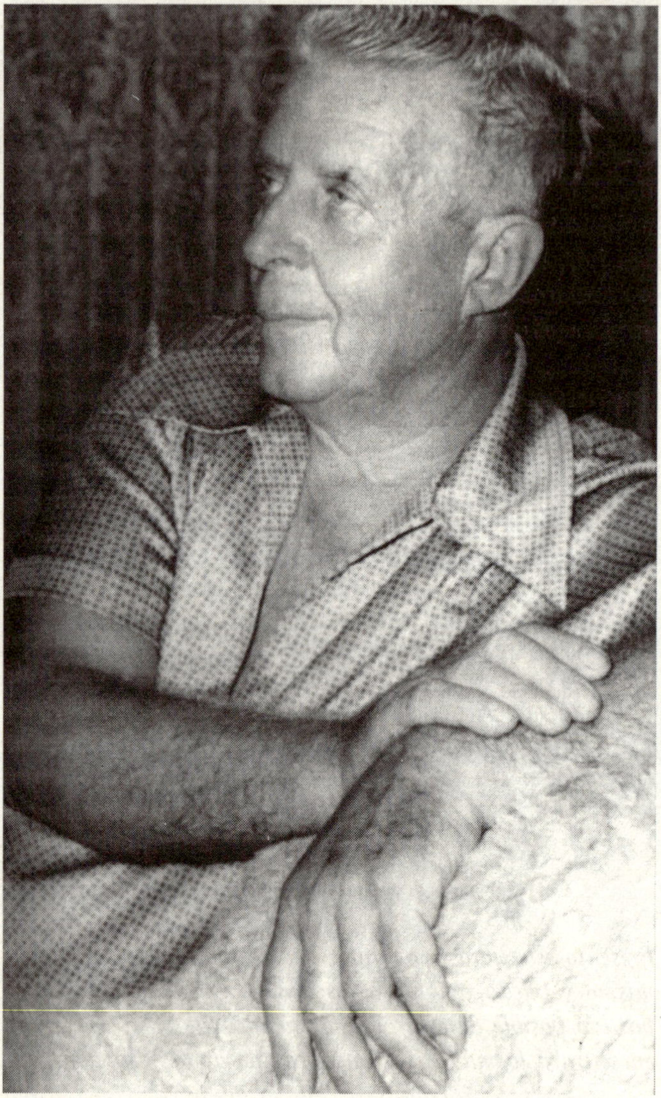

La famosa banda de los gérmenes y los virus

UN MEDICAMENTO PARA EL CUAL NO HABÍA ENFERMEDAD CONOCIDA

La medicina está investigando constante e incansablemente por algún remedio que cure todas las enfermedades, pero siempre acaban con las manos vacías.

Posiblemente, la medicina sea la única disciplina lo suficientemente ignorante o lo suficientemente corrupta como para convencer al gobierno de que pague 150 millones de dólares por un medicamento para una enfermedad que nunca existió. Este medicamento se administró a millones de víctimas, provocándoles con él multitud de enfermedades para las cuales no había remedio disponible.

Con tan enorme fracaso en encontrar una solución para tantas enfermedades, la medicina se puso finalmente manos a la obra y encontró una cura para una enfermedad que sólo existía en la mente confusa de alguien –la «gripe del Cerdo».

La falsa cura para aquella inexistente gripe del Cerdo se convirtió en una pesadilla con tintes criminales, una pesadilla que debería de haber sido perseguida como el crimen del siglo pero que pasó sin ningún tipo de cargos o descrédito.

La enfermedad nunca se materializó ni en los millones de individuos que tomaron la cura ni en los muchos más millones que nunca la tomaron, pero los efectos secundarios del remedio fueron de lo más devastador para sus víctimas. ¿Por qué no se tomó ninguna medida legal contra los culpables?

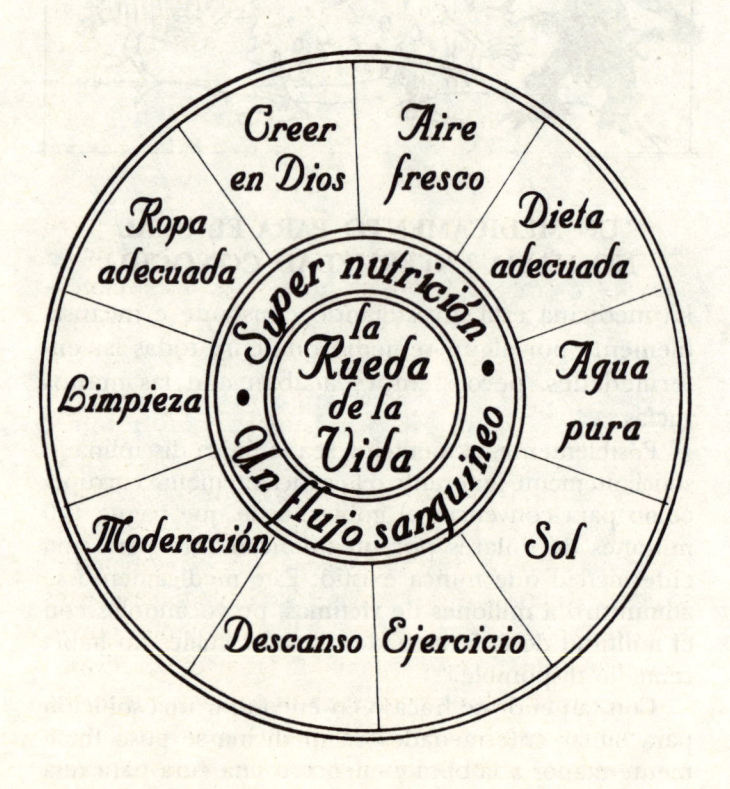

La Rueda de la Vida

- Creer en Dios
- Aire fresco
- Dieta adecuada
- Agua pura
- Sol
- Ejercicio
- Descanso
- Moderación
- Limpieza
- Ropa adecuada
- Super nutrición
- Un flujo sanguíneo

La información de este libro no pretende ser un dictamen médico. Su intención es tan sólo informativa y educativa.

Acerca del Autor

Stanley Burroughs, ya fallecido, desarrolló un valioso sistema de sanación que ha revolucionado totalmente la comprensión del arte de sanar. Es un enfoque brillante y fresco para curar de la forma más sencilla.

Investigó incansablemente, durante muchos años, para descubrir las leyes naturales de la sanación, simplificándolas y clarificándolas posteriormente con el fin de acelerar y precisar los resultados. Su obra es fácil de comprender y de utilizar como ayuda para encontrar la total liberación de cualquier tipo de enfermedad, sin tener en cuenta el nombre que se le pueda dar.

Estas técnicas y principios no dependen de la fe, la creencia o de rituales religiosos especiales. Su sistema demuestra, con resultados reales, que es absolutamente innecesario el desembolso de millones de dólares para investigaciones inútiles y costosas que encuentren la causa y el remedio de cualquier tipo de enfermedad presente o futura. Todas las respuestas están ya aquí.

Se invita encarecidamente a los profesionales y al público en general a que comprueben de todas las formas posibles este trabajo. Si se hace con honestidad y con el mayor interés en el bienestar público en mente, se podrá comprobar que todas y cada una de las partes de este trabajo resultan tan precisas y notables que lo convierten en el mejor sistema de las artes curativas.

Es un sistema de una precisión automática, que puede eliminar los muchos errores humanos que se cometen con los torpes, complicados y costosos métodos actuales.

Este sistema no acepta más limitación que la de la capacidad del organismo para curarse a sí mismo.

Agradecimientos

Deseo dar las gracias por la presencia e inspiración constante de la Mente Universal, que me ha hecho posible extraer del mal informado y confuso mundo de la curación las sencillas reglas que gobiernan y controlan todos los aspectos de las artes curativas.

Quiero aprovechar esta oportunidad para darle las gracias a usted y a tantos maravillosos amigos de todo el mundo, pues es usted el que ha hecho posible la publicación de este libro. Sin su ayuda, y su anhelo por una vida más creativa y saludable, yo nunca hubiera tenido la oportunidad, ni hubiera desarrollado la capacidad, de demostrar que este sistema funciona realmente mejor que cualquier otro método.

Mi gratitud imperecedera se dirige a todos aquellos que tan generosamente han ofrecido su precioso tiempo, sus habilidades, materiales y equipamiento para dejar este libro en la forma más presentable.

Mi querida Esposa, Louise, que acaba de pasar a mejor vida, merece mi reconocimiento por sus consejos críticos y su estímulo a lo largo de tantos años difíciles en los que creyó que este sistema era válido y necesario. Las muchas semanas que empleó mecanografiando y repasando el texto me ayudaron a pulir los detalles en gran medida.

La generosísima entrega de Carol Rawlings, por el tiempo empleado en el mecanografiado final de muchas copias, ha sido inapreciable. Su marido, Robert, fue uno de los casos de enfermedad grave supuestamente incurable –ahora completamente restablecido gracias a este trabajo.

Ralph Odom, con su amena forma de tratar los textos, ha hecho mucho por mejorar la calidad y la comprensión de este libro.

Rama Devi puso mucho de sus habilidades en la mayor parte del trabajo fotográfico de la obra.

William C. Finley, Profesor y consumado estudioso del sánscrito, ofreció generosamente un artículo muy útil sobre Yoga. Este informe (traducción) preciso y auténtico sobre este antiguo arte, sumamente valioso en muchas formas de sanación, ha proporcionado gran cantidad de conocimientos e inspiración a millones de personas a lo largo de los siglos.

Robert P. Sandberg, M.S., proporcionó mucha información necesaria sobre la bioquímica de la alimentación y el color.

Prefacio

El objetivo de este libro es el de ofrecer a sus lectores un conocimiento y una forma de vivir que, por la experiencia del autor, se ha demostrado consistentemente superior a cualquier otra forma o sistema actualmente en boga.

Esta obra se basa en los resultados obtenidos durante un período de más de cincuenta años de trabajo con pacientes de todo tipo de enfermedades y trastornos conocidos, desde casos sencillos, tanto físicos como mentales, hasta aquellos otros más complicados y supuestamente terminales. Así pues, este libro es un informe sobre resultados reales, experimentados y consistentes, y no es en absoluto una exposición teórica basada en conjeturas. Para ser completo, un sistema de sanación debe de ser capaz de abarcar todo el ámbito de la experiencia humana –física, mental y espiritual. Cualquier sistema que niegue o ignore cualquier aspecto de esta trinidad fracasará en su intento de sanar en la medida en que niega alguna de las partes de la totalidad.

Este libro trata principalmente de unas leyes básicas, sencillas y bien definidas que se relacionan con la limpieza, los cambios estructurales y la sanación natural. Aunque a primera vista pueda parecer que tan sólo se limita a lo físico, la profundización en su estudio y comprensión revelarán que también se hace uso de leyes mentales y espirituales, y que su autor ve la salud como una totalidad interrelacionada que implica íntegramente a la persona.

Este sistema hace que los más dificultosos procedimientos de sanación parezcan sencillos, tan sencillos como eficaces.

La computadora humana

Cuando una mujer se queda embarazada, la inteligencia divina interna se pone en marcha y se forma el bebé. La mujer no tiene ningún control sobre dónde colocar las distintas partes de lo que será el organismo del niño. Está todo dirigido automáticamente por la computadora divina que hay dentro de la madre y del nuevo mortal en desarrollo.

Para mucha gente, Dios parece estar muy lejos.
Si esto es así, ¿quién se alejó?

Todo este libro se basa en la actividad de la computadora automática del organismo.

Introducción

Todos los sistemas ortodoxos de sanación socialmente aceptados tienen sus limitaciones, unas limitaciones que en gran medida vienen como consecuencia de la falta de comprensión sobre las interrelaciones de todas las funciones del organismo.

Las artes de sanación que implican manipulaciones corporales –la Quiropráctica, la Osteopatía, los ejercicios, el yoga y las formas tradicionales de masaje– están limitadas por basarse en teorías y aplicaciones incompletas. Aquellas otras artes de sanación que implican la administración de diversos tipos de medicamentos también tienen limitaciones debido a la comprensión parcial de las interrelaciones que hay entre las funciones corporales. Y para acabarlo de arreglar, en el esfuerzo por superar estas limitaciones, se han ido desarrollando prácticas desnaturalizadas, sintéticas y hasta destructivas.

Existen muchos elementos a tener en cuenta en el campo de la sanación física. Los seres humanos tienen un cuerpo físico que se debe de usar y desarrollar con el fin de mantener la circulación adecuada y la ejecución de las funciones corporales. Una vida inactiva sólo puede traer estados desfavorables, por lo que el ejercicio se convierte así en una exigencia básica para el desarrollo y la curación del cuerpo físico. Aquí se integran una amplia gama de actividades: el baile, las acrobacias, los juegos, los deportes acuáticos, el senderismo y las actividades al aire libre, por ejemplo, desarrollarán habilidades que pueden llegar a resultar tremendamente beneficiosas, así como la amplia variedad de deportes y ejercicios gimnásticos serán también de gran valor. El trabajo físico debería de ser visto también como parte de la sanación –el alivió y la curación son a menudo el resultado de una provechosa labor. Uno de los mejores sistemas de bienestar físico, si se enseña de la forma adecuada, es la práctica regular del yoga, los ejercicios de estiramiento. El Hatha Yoga es lo mejor en este campo.

Un masajista bien entrenado puede hacer lo que en ocasiones parecería un milagro de la forma más placentera, proporcionando alivio a articulaciones y músculos cansados, magullados o doloridos. El masaje relaja la tensión, activa la circulación, disuelve las congestiones y estimula todos los órganos y células del cuerpo. Éste es el sistema más antiguo de sanación conocido por el hombre, y aún hoy en día es una de las formas más efectivas de mejorar la salud. Junto con el masaje científico existen otras muchas formas de masaje reflejo que, correctamente utilizadas, pueden generar numerosos cambios o correcciones estructurales, así como eliminar presiones que ralentizan o deprimen las actividades normales de todas las funciones corporales. Los baños de vapor, frecuentemente utilizados junto con el masaje y los ejercicios físicos, son tremendamente provechosos para la curación y la vida natural. Lo mejor del masaje reflejo se expondrá con profundidad en este libro.

Otra forma de curación física especializada que ha llegado hasta nosotros a través de los siglos es el uso de hierbas. Sus propiedades y capacidades son principalmente las de aportar los elementos necesarios que pueden haber desaparecido como consecuencia de una dieta defectuosa. Algunas hierbas se utilizan para disolver la congestión, otras para ayudar en la eliminación de venenos del organismo.

Con el incremento en el uso de estas hierbas se desarrollaron de forma natural especialistas deseosos de potenciar su uso envasándolas y promocionándolas como medicinas. De esta manera, en tiempos más recientes, hubieron laboratorios especializados que comenzaron a aislar los diversos ingredientes de las hierbas en un intento por hacerlas más potentes. Cuando lo consiguieron, muchos de los efectos equilibrantes de las hierbas desaparecieron, tomando su lugar los desagradables efectos secundarios. Entonces, las compañías farmacológicas comenzaron a producir sintéticamente, a partir de la química, los elementos encontrados en las hierbas. Se produjeron drogas cada vez más potentes con cada vez más potentes y también peligrosos efectos secundarios, ¡hasta que toda la situación se convirtió en una complicada pesadilla de proporciones de «mata o cura»!

Los venenos, las drogas y la quimioterapia forman parte de estas fuerzas destructivas. Cuando se dieron cuenta de que esto no funcionaba como se esperaba, la psicología y la psiquiatría se convirtieron en parte de la medicina práctica en un intento de superar la limitación que aún hoy continúa existiendo. Muchos de estos esfuerzos por reducir las limitaciones han llegado de fuera del campo médico y poco a poco, de uno en uno, están siendo aceptados, no sin cierta reluctancia, como parte de la profesión sanitaria. (La acupuntura es un caso reciente en este aspecto.)

El diagnóstico y el tratamiento se hicieron ilimitados y extremos en un intento por aplicar sustancias diseñadas para destruir lo que se creía que eran las causas de las enfermedades del hombre. Sin embargo, a despecho del incremento en la medicación, las enfermedades están aumentando en la realidad... por muchos tipos de medicación que hayan.

Se han dado cientos de nombres a una inmensa variedad de trastornos (enfermedades) hasta el punto de hacer necesarios libros para catalogar todos los procedimientos de diagnóstico y tratamiento.

El misterio de la enfermedad seguía sin resolverse, con lo que automáticamente se desarrollaba otra solución. Poco a poco surgieron especialistas cuya teoría era la de que, si no podían parar la embestida de la enfermedad con los medicamentos, al menos podrían seccionar las partes enfermas del cuerpo para resolver el problema. Pero aún con todo siguieron con la medicación... qué otra cosa hacer para matar a esos molestos gérmenes de los que se presumía eran la principal causa de las enfermedades.

La siguiente solución: la investigación. ¿Ha tenido éxito? El gobierno y muchas fundaciones amontonaron millones de dólares, y cada vez se iban formando más y más grupos para la investigación de la enfermedad. Se invertían más millones todavía a medida que se iban dando promesas: «Estamos a punto de conseguirlo», «dennos hasta que caiga», «pronto habrá un descubrimiento sensacional». El dinero llegaba... pero el descubrimiento sensacional no acababa de llegar. ¡Aquellos molestos y pequeños gérmenes y virus no querían revelar sus secretos!

¿Puede ser que los médicos hayan estado gastando tanto tiempo y dinero mirando gérmenes, y los químicos destruyéndolos, que nunca hayan tenido tiempo de encontrar la enfermedad? Quizás los gérmenes no fueran la causa después de todo, sino las consecuencias. Quizás la enfermedad llegue primero y después los gérmenes. Quizás incluso los gérmenes ayudaban a vencer la enfermedad.

Algunas personas comenzaron a trabajar sobre esta base y dieron con todas las respuestas, sin acumular ni gastar los millones de otras personas. La verdad era sencilla. Las reglas eran simples. Una alimentación incorrecta era la causa subyacente. Los malos alimentos causaban congestiones y trastornos tóxicos –los cuales, a su vez, provocaban el mal funcionamiento de las células y los órganos, llevando así a deficiencias generalizadas. Para superar estas deficiencias, otro grupo descubrió y aisló, primero, las «vitaminas», y después, los minerales (ingredientes naturales de los alimentos, claro está), los pusieron en tabletas o en forma líquida y los envasaron en botellas. ¡Y nos convertimos en una nación de «empujadores de píldoras»! ¡Incluso se llegó a soñar que algún día todas nuestras necesidades alimenticias serían satisfechas con una píldora o serie de píldoras! La investigación no ha llegado a determinar por completo cómo y qué necesita realmente el organismo ni cómo lo usa, a pesar de los tremendos avances que se han hecho en el campo de la investigación sobre las vitaminas y los minerales. Se han derivado muchas conclusiones, como la de los cinco tipos de comidas que se necesitan a diario y determinado número de vitaminas esenciales. Sin embargo, aún con toda esta investigación, las limitaciones todavía subsisten.

Existen grandes diferencias de opinión entre los «expertos», y mientras tanto la gente continúa enfermando, con lo que se concluye que lo que hace falta es investigar más.

Cuando para encontrar respuestas sencillas lo único que necesitamos es mirar la naturaleza y tomar conciencia de las sencillas leyes que la rigen.

Una mente mayor y más poderosa que las nuestras ha establecido ya unas leyes y unos planes que funcionan. Tan sólo tenemos que trabajar con conocimiento junto con estas leyes y patrones, y nuestra interminable investigación por la salud habrá terminado. Sólo cuando el hombre decide que sabe más que Dios, y opera en contra de la forma que Él ha establecido, es cuando el hombre enferma. Y esto no es fanatismo religioso ni perogrullada piadosa –es sólo algo que puede descubrir cualquiera que esté abierto y deseoso de descubrirlo: si trabajamos en conformidad con las leyes de la naturaleza el resultado será la salud; si violamos estas leyes el resultado será la enfermedad.

El cuerpo no da ciegos traspiés. Por el contrario, está perfectamente controlado y organizado para funcionar automáticamente según unos planes precisos y concretos. Cualquier enfoque de salud que no contemple esto fracasará en su capacidad para utilizar plenamente los potenciales del organismo. Las operaciones, las drogas, las medicinas desnaturalizadas, las inyecciones y los antibióticos nunca podrán competir con las automáticas leyes, complejas aunque simples, de la sanación creativa.

Las «drogas» son, esencialmente, sustancias químicas diseñadas para alterar el comportamiento natural de las células y de diversos procesos corporales. Con esto se presupone que nuestras células están funcionando mal, y que estas sustancias químicas corregirán ese comportamiento indeseable. Pero la alteración química de los procesos corporales puede ser extremadamente perjudicial, por lo que se nos aconseja que no las tomemos a menos que nos las prescriba o administre un médico o farmacéutico colegiados. Ni siquiera se le permite al ciudadano de la calle el comprar la mayoría de estas drogas sin una receta, ¡de tan peligrosas que se las considera!

Cuando cualquier persona (o grupo, por muy prestigioso que sea) intenta colocar un sistema hecho por el hombre por encima de Dios y de Su plan de sanación, los resultados terminarán en el fracaso, incluso en el desastre.

Sólo a los médicos colegiados se les permite legalmente recetar, a cualquiera que llegue pidiendo ayuda, una amplia variedad de drogas esencialmente destructivas. ¿Implica este permiso que estos profesionales son tan sabios como para conocer todos los efectos de estas drogas en cada una de las personas a las que receta? ¿Quiere esto decir que están por encima de la ley y que una droga peligrosa se convierte súbitamente en algo sano porque el doctor la receta? ¿Puede el médico hacer sana una droga insana? ¿Acaso no serán mayores los poderes dados por Dios que los poderes de los «venenos»? (Piense en ello. ¿No es eso lo que son venenos?). ¿Cómo puede dar potencialmente la muerte al tratar con drogas nocivas y al mismo tiempo curar?

Miles de personas que sufren han descubierto que necesitan algo más de lo que la medicina puede ofrecer. Fue su búsqueda y su necesidad lo que llevó al desarrollo de otros sistemas. Aquellos que utilizaban métodos alternativos de sanación eran perseguidos por fraude aún cuando ayudaban a mucha gente a resolver sus problemas de salud. Incluso médicos licenciados fueron perseguidos por utilizar métodos no aprobados por su profesión. Cuanta más gente ayudaban, más se les perseguía.

Pero la gente continuó buscando en otros sistemas con el fin de encontrar la ayuda que necesitaban, dado que la medicina no les podía dar lo que ellos querían. Aún cuando la medicina organizada utilizó las leyes para derrotar a los competidores, la gente continuó yéndose a otros sistemas. Sabían lo que querían y no les sería negado.

Si la profesión médica hubiera estado en lo cierto, y hubiera sido competente para curar y dar todas las respuestas, nunca hubiera hecho falta ni habría habido lugar para la competencia.

La profesión médica ha estado utilizando constantemente placebos: elementos que tienen poco o ningún valor en el proceso de curación. Los responsables gubernamentales del sector de la alimentación y los medicamentos han dicho repetidas veces que una gran proporción de las drogas que utilizan los médicos tienen poca o ninguna capacidad para curar los trastornos para los cuales se usan. ¿No será el irresponsable uso de drogas (o placebos) el verdadero fraude? ¿Se convierte en legal –o moral– el uso de drogas sólo porque uno es licenciado en medicina? Un fraude es un fraude, sin tener en cuenta quién lo perpetra, y en particular cuando el paciente está pagando un alto precio por un producto inútil.

Otro aspecto de la práctica médica, del que hemos hablado antes brevemente, es el de aquellos médicos que se pusieron a experimentar con la posibilidad de curar seccionando las partes enfermas o afectadas de las personas. Ésta parece una solución rápida y práctica para muchos problemas. Esta especialización, gradualmente desarrollada y de elevado grado de habilidad, convirtió a los cirujanos en la élite del campo médico. De sus aparentes, y a veces dramáticos, «éxitos» (por ejemplo, los transplantes de corazón –¿realmente exitosos?) surgieron unos egos inflados y la distorsionada creencia de que todos los trastornos humanos se podían resolver cortando por aquí y por allá. Se convirtió en una especie de manía. ¡Incluso han llegado a operar para ver si necesitan operar! Los resultados finales, o los efectos secundarios, de la operación no se suelen tener en cuenta; el cirujano ha hecho su trabajo bien y lo que suceda después no le concierne. «¡La operación ha sido un éxito, pero el paciente murió!». La operación fue un éxito, y el mero hecho de que la víctima pueda quedar lisiada, tullida y miserable no se consideró, ni antes ni después de la operación. Si con la primera operación no fuera suficiente y se necesitaran cambios ulteriores –según la opinión del doctor– entonces se harían dos o tres operaciones más.

En muchos casos aún hubo un problema, u otros problemas o efectos secundarios, que no tenían respuesta. Esto era lamentable pero inevitable. El cirujano había hecho su trabajo y el paciente debía de vivir con ello. Las drogas y la medicación, y frecuentemente más y más narcóticos, se ofrecieron como alivio.

Existe una «ética» médica que justifica cualquier error cometido en el modo de promover la salud. Esta protección se utiliza demasiado a menudo como un escudo ante la exposición de errores que en ocasiones pueden ser de lo más devastador en la vida del paciente. El código le protege a uno; los fines supuestos justifican los medios por los que tiene lugar un daño irreparable.

De diversas maneras se ha llegado a afirmar en ocasiones que, aún cuando hubiera una solución más sencilla, fácil y barata –incluso una solución menos destructiva–, dado que el médico es un cirujano, el problema, naturalmente, se solucionará con cirujía. ¡Después de todo, ésta es su especialidad –y se gana la vida con ella!

En situaciones similares, donde se dan estados graves o casi terminales, aún cuando se pudieran hacer sencillas correcciones naturales con suma rapidez, sólo se permitirán los métodos aceptados. ¿Por qué no pueden cambiar estos métodos aceptados? ¿Qué ha de hacerse para que se hagan los cambios? ¿Por qué a aquellos que tienen las respuestas ni siquiera se les permite demostrarlo? ¡Como una reminiscencia de Galileo, invitando a las autoridades a mirar tan sólo por su telescopio para que descubran por sí mismos la verdad de sus enseñanzas! –pero las autoridades nunca llegarían a mirar, pues sus mentes se complacían con lo contrario.

Simplemente porque una persona tenga un título o una licencia no se le debería de permitir el cometer tantos errores directos e indirectos como tiene, y que esto haya estado ocurriendo a lo largo de toda la historia de la profesión médica.

Una ingente cantidad de pleitos perdidos por una mala práctica médica han elevado los costes de los seguros sanitarios hasta tal punto que algunos médicos han dejado de ejercer. Los continuos y costosos errores pueden llegar a destruir la profesión. La situación se debe de corregir a través de la investigación y la aceptación sincera del conocimiento y la experiencia de los múltiples métodos que han demostrado ser mejores y que se encuentran en uso actualmente.

En realidad, recientemente, han tenido lugar ya algunos cambios. Una pequeña minoría de los profesionales de la salud más conscientes y dedicados han comenzado a interesarse en las formas naturales de sanación con el fin de minimizar sus limitaciones. Como es lógico, están siendo criticados, condenados y perseguidos por sus esfuerzos. El cambio ha llegado, y continuará aunque sea a trompicones porque la gente lo está pidiendo cada vez con más fuerza. Las limitaciones de los sistemas aceptados deben de dejarse de una vez a un lado.

Para satisfacer la demanda de respuestas más sencillas y completas han entrado muchas ideas nuevas en la arena del mundo occidental. La Acupuntura, el Shiatsu, el Doin, el incremento de la actividad en el masaje, el Rolfing, la difusión del Yoga, la toma de conciencia por una alimentación natural y otras muchas, se han ido introduciendo poco a poco pero con firmeza entre muchas personas conscientes, y han ampliado la concepción de las posibilidades de lo que se puede conseguir con el tiempo para reducir las limitaciones existentes.

Diversos tipos de «control mental», tales como la Ciencia de la Mente, el Control Mental Silva y el EST[1] se han difundido con fuerza. Los aparentes logros de estas técnicas de desarrollo mental nos han hecho darnos cuenta de que todavía existen limitaciones por superar. Aún cuando a través de los siglos haya existido siempre la curación psíquica y espiritual, todavía existen limitaciones para su práctica.

Estas limitaciones existen en campos tan separados debido a que aún no se ha llegado a comprender que el hombre es todo eso –cuerpo, mente y espíritu– y no sólo una cosa o la otra. Cuando usted consiga reunir todos estos sistemas en una forma sim-

---

1 Extrasensorial Training: Entrenamiento Extrasensorial.

plificada, combinando todas las leyes naturales que se corresponden con cada aspecto del ser, las limita ciones desaparecerán repentinamente. Las limitaciones que aún existen lo son debido a la limitada comprensión de la persona o personas involucradas, y no debido a las leyes implicadas. A medida que borremos los malentendidos de estas personas, sus limitaciones menguarán y desaparecerán. A medida que pongamos en acción estas leyes completas para traer la salud, desaparecerán todo tipo de errores y de efectos secundarios, y sólo tendrán opción los resultados positivos. Y sólo cuando funcionen, y funcionen sin error, podremos decir que estas leyes son ciertas y correctas.

En la medida en que una comprensión completa de este principio curativo sea universalmente aceptada, todos los aspectos de la enfermedad con sus sufrimientos, achaques, dolores y desajustes dejarán de existir. En la medida en que el hombre comprenda y trabaje con conocimiento junto con todas las leyes de la salud y sus fuerzas creativas, dejará de hacer falta el estudio y el aprendizaje de tantas complejidades y formas de enfermedades. Las formas de la enfermedad son diferentes, del mismo modo que las hojas de un árbol son diferentes, aunque sean todas hojas. No necesitamos conocer las intrincadas leyes que se encuentran involucradas, ni necesitamos conocer los intríngulis de las leyes en sus diversos principios de sanación y salud perfecta. Sólo necesitamos saber cómo ponerlas en práctica, y nuestro Creador hará el resto.

La simplicidad, la perfección y la precisión de los métodos desplegados de sanación natural son apabullantes. Para una mentalidad normal es difícil admitir que, los comprendamos o no, los métodos funcionan, y después de todo, esto es lo importante. A medida que pongamos en práctica estas leyes y las hagamos trabajar, iremos encontrando poco a poco las respuestas de por qué funcionan, y gradualmente el perfeccionamiento eliminará todas las limitaciones –excepto en el caso de que nuestro Creador vea necesario el mantenimiento de ciertas limitaciones que pueden ser eliminadas posteriormente.

Aún cuando mucho de este conocimiento puede parecer nuevo y revolucionario para gran número de personas, en realidad es algo que existe desde hace mucho tiempo y que simplemente ha estado esperando a que alguien, en nuestros tiempos, lo sacara a la luz y lo hiciera útil para todos. Aquí no se intenta traer nada nuevo al mundo, sino que más bien se pretende revivir algo que no tiene edad, y hacer posible que estas sencillas leyes se utilicen benéficamente.

Muchos de los principios que se presentan en este libro pueden estar absolutamente en contra de todo lo que usted pueda creer o haya estudiado. Los crea o no, nada alterará el hecho de que pueden ser ciertos. Antes de que intente argüir o negar estos hechos, compruébelos y utilícelos hasta que haya probado que son correctos o erróneos. Cada afirmación y cada elemento de información que se da es la acumulación de años de experiencia, de investigación y resultados –por tanto, delos como hechos. Haga estas pruebas y esté completamente seguro de que usted, también, puede experimentar los mismos resultados. En ningún lugar se le va a intentar confundir con teorías que no pueden ser demostradas o que no se muestren correctas por sí mismas. No deseo ofrecerle complejidades, o palabras con poco significado, o con doble sentido. La simplicidad y la precisión serán la norma en todo el libro.

*Este sistema triple no acepta limitaciones,
más que la de la capacidad del organismo
humano de curarse a sí mismo.*

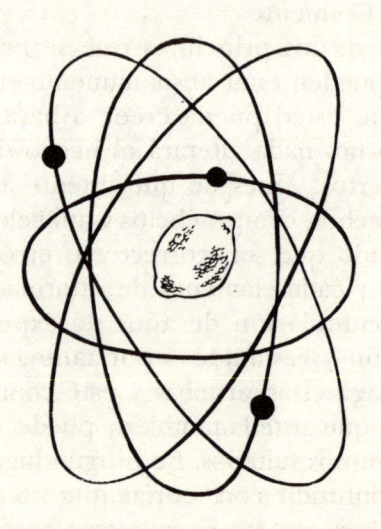

VEA, LO IMPORTANTE ES EL LIMÓN

Capítulo I

El Purificador Maestro

Tanto para el que se inicia como para el estudiante avanzado, la **purificación** es básica en la eliminación de cualquier tipo de enfermedad. El propósito de este libro es el de simplificar la causa y la corrección de todos los trastornos, sin tener en cuenta su nombre o nombres. A medida que eliminamos y correjimos una enfermedad, lo correjimos todo, pues toda enfermedad se rectifica por el mismo proceso de recomponer positivamente la salud.

Al menos, la causa básica de la enfermedad ya no es un misterio. La causa básica son los hábitos de una dieta inadecuada, un ejercicio inadecuado, unas actitudes mentales negativas y una falta de armonía espiritual, que se combinan para producir estados tóxicos y un mal funcionamiento de nuestros cuerpos. La eliminación de la causa de la enfermedad es el obvio y único camino para devolver la salud. La eliminación de los hábitos que causan la enfermedad se realiza mediante el enfoque positivo de desarrollar unos hábitos adecuados que lleven a la salud, combinado con determinadas técnicas correctoras que hacen desaparecer los efectos de la enfermedad por nuestros antiguos errores. En este libro se detallan las técnicas correctoras y los hábitos adecuados para la consecución y el mantenimiento de una buena salud, para así liberar nuestro potencial de **vivir creativamente**.

El siguiente programa ha sido puesto a prueba y ratificado desde 1940 por todo el mundo como la mejor de todas las dietas de su clase. **Nada** se le puede comparar por su enfoque positivo hacia la perfección en el campo de la purificación y la sanación, y nada se le puede comparar en su rapidez y perfección. Es superior en todos los aspectos como dieta adelgazante y acondicionadora del cuerpo.

Cuando enfermamos es cuando estamos dispuestos a aprender la verdad, y la verdad es la que nos hace libres. Esta dieta demostrará que nadie tiene por qué vivir con sus enfermedades. El llevar un vida libre de enfermedades es algo que puede hacerse realidad.

Como creador de esta magnífica dieta se la ofrezco con humildad, al tiempo que con orgullo, confiando en que con su utilización usted generará una vigorosa salud.

Unas palabras acerca de las «epidemias» y de las enfermedades «causadas por los gérmenes»

A lo largo de toda su historia el hombre ha padecido constantemente el azote de las epidemias. Poco se sabe o comprende acerca del por qué suceden estas cosas. (Antiguamente se pensaba que era una faena del demonio, un castigo de Dios o el envenenamiento del agua por parte del enemigo). En la actualidad, la medicina oficial cree que estas enfermedades son contagiosas y que las propagan los gérmenes. Esta creencia ha terminado por generar un monstruo, en la medida en que el campo médico se ha dedicado de lleno a encontrar drogas, venenos y antibióticos cada vez más potentes, en un esfuerzo constante por destruir lo que creen que es la causa. Se han desarrollado gran cantidad de vacunas y antitoxinas debido a la creencia en una gran variedad de bacterias y virus.

Lo que se piensa siempre es que debemos matar estas formas de vida con el fin de mantenernos libres de enfermedades. Sin embargo, a pesar de la masiva investigación y elaboración, y a pesar del amplio uso de estos elementos, la humanidad sigue sufriendo con una siempre creciente variedad de enfermedades y trastornos que no cesan.

La enfermedad, la vejez y la muerte son el resultado de la acumulación de venenos y congestiones en el cuerpo. Las toxinas se cristalizan y endurecen, acumulándose en las articulaciones, en los músculos, y en los billones de células del organismo.

La medicina ortodoxa supone que todos tenemos un organismo saludable hasta que algo, como los gérmenes o los virus, se introduce para destruirlo, como quiera que en realidad lo que ocurre es que el material de construcción de órganos y células es defectuoso, con lo que están ya enfermos antes de que se manifieste externamente el trastorno.

Por todo el cuerpo se forman excrecencias y protuberancias con el fin de almacenar todos los productos de desecho acumulados, especialmente en las glándulas linfáticas. Estas acumulaciones deprimen y deterioran el organismo en diversos grados, llevando con el tiempo a la degeneración y la decadencia. El hígado, el bazo, el colon, el estómago, el corazón y el resto de órganos, las glándulas y las células reciben su parte de desechos, con lo que se perjudica su funcionamiento natural.

Estas excrecencias y protuberancias se nos aparecen en forma de hongos, mientras que su difusión y crecimiento dependen del material de desecho inútil que se distribuye por el cuerpo. A medida que el deterioro continúa, las excrecencias aumentan su tamaño con el fin de hacerse cargo de la situación. Los hongos absorben los venenos e intentan asumir el material nocivo de los órganos. Esto forma parte del plan de la Naturaleza para desembarazar al cuerpo de sus enfermedades. Cuando dejamos de alimentar estos hongos y purificamos nuestro sistema, detenemos su crecimiento y su difusión; entonces se disuelven o se rompen para salir del cuerpo, puesto que no encontrarán alimento en un tejido saludable. Hay una serie de leyes sencillas que detallan esta acción. La Naturaleza nunca genera nada que no sea necesario y nunca mantiene nada que no sea útil. Todo el material inútil o de desecho se descompone por la acción bacteriana en formas que sean de nuevo asimilables o se elimina del cuerpo. Todas las células débiles y deficientes, por causa de la mala alimentación, también serán descompuestas y eliminadas del organismo.

Empleamos una gran parte de nuestras vidas acumulando enfermedades, y empleamos el resto de nuestras vidas intentando desembarazarnos de ellas ¡o muriendo en el esfuerzo!

La incorrecta comprensión de las verdades expuestas aquí ha llevado, tanto a naciones civilizadas como a naciones por civilizar, a buscar alguna cura «mágica» mediante todo tipo de hechizos, sortilegios, e infinidad de detestables venenos y drogas.

En términos generales, todo esto es peor que no hacer nada, puesto que muy probablemente no va a eliminar la causa de ninguna enfermedad. Tan sólo puede añadir más miseria y sufrimiento, acortando aún más la vida de uno. Existen informes en muchos libros y artículos en donde se afirma que muchos trastornos y enfermedades nuevos se han desarrollado gracias a los métodos ortodoxos y a los hospitales.

A medida que continúa la investigación por encontrar más y más curas «mágicas», nos vamos viendo cada vez más envueltos en variedades más complejas de enfermedades. Una comprensión sencilla, así como la acción, se han mostrado siempre como la mejor vía para eliminar nuestras acciones y reacciones negativas.

Los gérmenes y los virus no son la causa ni pueden ser la causa de cualquiera de nuestras enfermedades, por lo que no hay ninguna necesidad de encontrar nuevos tipos de venenos para destruirlos. **De hecho, el hombre jamás encontrará un veneno o una combinación de venenos lo suficientemente fuerte como para destruir a billones y billones de gérmenes sin destruirse a sí mismo a la vez.**

En realidad, los gérmenes son nuestros amigos, no son nocivos, y si se les da ocasión, abrirán y consumirán grandes cantidades de material de desecho y nos ayudarán a eliminarlo del organismo. Los gérmenes y los virus sólo se generan en exceso cuando les proporcionamos el caldo de cultivo en el que ellos se pueden multiplicar. Los gérmenes y los virus están en el organismo para ayudar a descomponer el material de desecho, y no pueden dañar los tejidos sanos.

¿Cree usted que, si un insignificante y microscópico microbio puede aparecer y hacerle enfermar

cuando usted estaba saludable, tendrá alguna posibilidad de fortalecerse lo suficiente como para expulsarlo cuando ya no está sano? ¿Cree que un veneno destructivo puede darle a usted la posibilidad de encontrarse mejor con más rapidez?

Todas las enfermedades, no importan sus nombres, entran dentro de este esquema, sólamente como diferentes expresiones de una única enfermedad: **la toxemia**.

Como observábamos previamente, se nos está diciendo constantemente que los investigadores médicos están a punto de hacer un gran descubrimiento que por fin acabará con todas nuestras enfermedades. Este descubrimiento revolucionario nunca tendrá lugar mientras no se sustituya este falso enfoque científico por el de la ciencia natural del secreto de la energía vital y su acción creativa dentro de nosotros. Sólo mediante un enfoque de apertura mental a la verdad de la fuerza o energía vital, podremos conocer los detalles que subyacen en el fondo de las epidemias, y sólo entonces podremos eliminar su causa.

Básicamente, todas las enfermedades las creamos nosotros, debido a que nunca nos hemos tomado la molestia de descubrir cuáles son los alimentos que debe de consumir el ser humano. Podemos crear cuerpos saludables a través del simple consumo de alimentos correctos y de la eliminación en nuestra dieta de alimentos altamente tóxicos y generadores de mucosidad.

A medida que vaya descubriendo los secretos de la nutrición, tomará conciencia de las muchas comidas que generan exceso de mucosidad en nuestros cuerpos y se dará cuenta de que esto se convierte en caldo de cultivo para todo tipo de gérmenes.

Sabemos que en la naturaleza todo se mueve por ciclos de cambio constante, de eliminación constante de lo viejo y de construcción de lo nuevo. En consecuencia, cuando una persona alcanza el «punto sin retorno», el punto en que las acumulaciones han alcanzado el límite de lo que el cuerpo puede tolerar, ha de tener lugar un cambio drástico o morir. El ciclo ha de llegar al punto en que se ponga en marcha el mecanismo de limpieza, y uno de los métodos más eficaces de la naturaleza es el del desprendimiento o eliminación de los venenos a través de la acción bacteriana. A medida que avanza esta acción, nos vamos sintiendo enfermos, con fiebre; se eliminan grandes cantidades de mucosidad, aumenta la descarga de materia de desecho a través de las heces fecales, y se ponen en marcha con la mayor rapidez posible todos nuestros recursos de limpieza y purificación para evitar que los venenos nos maten. Cuando suceda esto, no tenga miedo y no recurra a la acción antinatural de las drogas y los antibióticos, que lo único que van a hacer es obstaculizar a las leyes de la naturaleza. Las drogas detienen los cambios naturales al suprimir la acción purificadora, y almacenan en el cuerpo los venenos que, con el tiempo, provocarán mayores problemas.

Si nos percatamos de estas señales de peligro y forzamos al máximo nuestras capacidades, sobreviviremos a la prueba y viviremos una vida normal hasta que posteriores acumulaciones nos lleven a otro cambio vital. Sin embargo, el procedimiento lógico es **evitar que se formen estas acumulaciones antes que nada** –y así no tendremos que pasar por la incomodidad de soportar un proceso severo de purificación.

A medida que los trastornos descritos arriba se

van sucediendo en una cantidad cada vez mayor de personas al mismo tiempo, nos encontramos con la puesta en marcha de una «epidemia». Muy a menudo, las epidemias tienen lugar después de las celebraciones festivas. Incluso los mejores alimentos, tomados en exceso, pueden generar problemas. Si sólo se consumiera una cantidad suficiente de comida adecuada, no se requeriría de una severa purificación –o enfermedad– para normalizar las operaciones corporales.

Existen deficiencias debido, en primer lugar, a una dieta y una asimilación inadecuadas. Estas deficiencias generan también toxinas a causa del deterioro de las células. Así pues, tan sólo podemos hablar de una enfermedad, y con un proceso sencillo podemos eliminar todas las así llamadas enfermedades sin importarnos el nombre que se les dé. Cuando expulsamos el trastorno productor de toxinas de nuestros cuerpos, debemos restaurar las deficiencias. Así pues, **debe incluirse también la dieta purificadora adecuada que proporcione el material para la reconstrucción, del mismo modo que el material de desecho es eliminado.**

Existe todavía otro factor más involucrado para que se nos haga perfectamente comprensible todo el proceso. Dado que los gérmenes no provocan nuestros trastornos, debe de haber otra razón lógica para que se dispare una epidemia. Y esto es algo muy simple: la «vibración». Cuanto mejor es el estado físico y mental de una persona, más elevada es su vibración, pero a medida que su organismo se obstruye con una cantidad creciente de materia de desecho, su vibración baja progresivamente hasta que se encuentra en disposición y en la necesidad de pasar por un proceso de limpieza. Si entonces se pusiera en contacto con una o más personas que han comenzado ya el proceso, recogería la vibración del cambio y todas sus funciones se dispararían en la misma dirección. Esto puede suceder en cualquier grupo de personas que se encuentren en la misma situación, con lo que se pone en marcha una epidemia. Mientras que aquella o aquellas personas que tengan su cuerpo libre de toxinas y mantengan su mente inalterada, no se verán afectadas por la epidemia.

Quizás sea bueno que la Medicina y la Naturaleza nunca vayan juntas –la Naturaleza podría sufrir fácilmente los muchos y peligrosos efectos secundarios.

El origen de la dieta de zumo de limón

La dieta de zumo de limón, acerca de la cual vamos a hablar, ha demostrado de forma consistente y precisa su capacidad eliminativa y constructiva, y se puede utilizar con total seguridad en todo tipo de enfermedades conocidas.

Los limones y las limas constituyen las fuentes de minerales y vitaminas más ricas de todos los alimentos conocidos por el hombre, y se encuentran disponibles a lo largo de todo el año. Así pues, se puede utilizar con bien la dieta en cualquier momento y casi que en cualquier lugar del planeta. Su universal atractivo y su disponibilidad los hacen agradables y de fácil utilización.

La dieta de zumo de limón demostró su valor por primera vez hace unos cuarenta años en la curación de úlceras de estómago. Bob Norman nos dio permiso para comentar el incidente de mi primera experiencia con la dieta.

LIMONES Y LIMAS
nuestro árbol de la vida familiar

Un día, poco antes de mi primer encuentro con Bob, me sentí inspirado para escribir algo bastante completo sobre esta dieta como medio para aliviar y curar las úlceras de estómago en diez días. Y así lo hice, entrando en detalles sobre la cuestión, para luego dedicarme a esperar la llegada de un caso con el fin de ponerla a prueba –casos que parecen venir siempre cuando uno los necesita.

Bob Norman venía padeciendo con su úlcera desde hacía casi tres años. Durante todo este tiempo lo había intentado todo, al menos todo lo que entonces se conocía para resolver este problema, pero ninguna medicina ni ningún tratamiento médico le había hecho nada, salvo darle algún alivio momentáneo.

Bob tenía que comer algo cada dos horas para no verse sumergido en un intenso dolor, y durante los últimos tres meses había estado viviendo con poco más que leche de cabra. El médico quería someterlo a una operación, pero él se negaba a pasar por ese trance. Se imaginaba que tenía que haber algo mejor que eso. Me dijo que yo era la última persona a la que iba a recurrir, de modo que, si yo no le hubiese ayudado, había decidido volver a casa y esperar allí la muerte, dado que su sufrimiento era tan intenso que pensaba que no valía la pena seguir viviendo en esas circunstancias.

Llegado a este punto, se hace necesaria una explicación sobre las causas de la úlcera. En el estómago existe una capa de sodio que recubre toda su superficie interna. Si esta capa permanece intacta, los tejidos del estómago quedan protegidos de la acción de los jugos gástricos durante la digestión. Sin embargo, cuando cualquier tipo de carne entra en el estómago, ésta absorbe el sodio de la misma forma que lo hacen las paredes del estómago. Parte del sodio es extraído de las paredes y se acumula alrededor de la carne, evitando así que ésta sea digerida.

Si se continúa con la ingestión de carnes y hay deficiencias de sodio en la dieta alimenticia, el revestimiento sódico del estómago comienza a deteriorarse, con lo que los jugos gástricos de la digestión terminan por generar lo que llamamos úlcera. Cuando sucede esto, todos los métodos ortodoxos de curación fracasan estrepitosamente.

En muchas ocasiones, la carne puede permanecer en el estómago durante más de dos horas, con lo que comienza a fermentar y a corromperse. Para que se deshaga y sea digerida debe de pasar al intestino delgado. Cualquier tipo de carne lleva más tiempo de digestión que la fruta y los vegetales. Las carnes de pollo y de otros tipos de aves de corral son las que más tiempo emplean de todas. Del hecho de que la carne sea ya una forma de carne como la de nuestros tejidos no se sigue el que sea fácilmente asimilable por nuestros organismos. En realidad, es justamente lo contrario.

Cuando se toma en consideración que los alimentos cárnicos son extremadamente tóxicos, queda claro que una nutrición basada en ellos es indeseable en grado sumo. Al comer carne, uno debe de tener en cuenta a todos los órganos que intervienen en el proceso de eliminación. En principio, estos órganos se hacen cargo de **nuestros propios desechos**, pero si además les añadimos la carne animal, con todos los desechos de sus células (o drogas o cualquier otro material inútil), necesitarán hacer un trabajo extra, con lo que, con el tiempo, se pueden llegar a desarrollar diversos tipos de trastornos.

No olvide que todo alimento sólido debe de licuarse en el aparato digestivo para que la sangre pueda llevar sus nutrientes al resto del cuerpo. Todos los alimentos cárnicos (incluido el pescado) necesitan de mucho más tiempo para licuarse, y son menos útiles para el organismo que la fruta, los vegetales y las semillas.

Volvamos a nuestra historia. Después de toda la explicación que me dio Bob, le pregunté si quería curarse de su úlcera en diez días. Él me respondió que sí, de manera que le extendí un papel donde iba anotada la dieta. La leyó detenidamente y me la devolvió diciendo que nunca podría seguirla, dado que todos los expertos le habían dicho durante los tres últimos años que no tomara nunca cítricos, y en la dieta no había más que zumo de limón.

Dado que los métodos ortodoxos habían fracasado totalmente en curar su úlcera, le hice ver que el consejo de los médicos podía estar equivocado. Y dado que la dieta de zumo de limón era **contraria** a las prácticas aceptadas (que habían fracasado), la lógica me decía que podría llevarle la curación. Yo sabía que no le iba a hacer ningún daño y estaba seguro de que sólo le iba a traer bienes.

Le dije a Bob que, si todos los consejos médicos eran ciertos, ¡su úlcera debería de haberse curado tres años antes! Y que era posible que aquello que le habían dicho que no utilizara pudiera ser lo único que necesitara. Bob pensó en ello y se decidió, «De acuerdo, lo intentaré... ¡aún cuando esto me mate!». Pero no había cuidado de que esto pudiera ocurrir.

Después de cinco días siguiendo la dieta, Bob me llamó. Aún cuando desde el principio no había vuelto a sentir dolores de estómago, tenía miedo de que todo el antiguo dolor volviera de repente dejándolo de nuevo en una situación miserable. Hasta que comenzó con la dieta había tenido que comer algo cada dos horas para no sentir dolor, y sin embargo, el día anterior había estado ocho horas sin comer ni beber –sin dolor aunque, eso sí, bastante aprensivo. Yo le dije que, dado que no había tenido ningún dolor durante los primeros cinco días, continuara hasta completar los diez días.

El undécimo día Bob fue examinado por su médico y descubrieron que la úlcera estaba completamente curada. No hace falta decir que el médico se mostró muy sorprendido, puesto que, antes de la dieta, le había hecho a Bob un examen completo, incluyendo rayos X, y le había recomendado la inmediata operación del estómago, dado que de otro modo no iba a vivir mucho tiempo.

Después de éste siguieron otros muchos casos de úlcera, llegando en todos ellos a los mismos resultados en diez días, sin ningún fracaso.

Pero ocurrió algo que yo no esperaba –en cada caso, el cliente mostraba otros trastornos, como sinusitis, asma, fiebre del heno, bronquitis, resfriados, gripe, artritis y otras alergias, que desaparecían por completo o mejoraban en gran medida durante aquellos diez días.

Para mi sorpresa, había descubierto un principio que tenía la capacidad natural de curar todo tipo de trastornos sin ningún tipo de complicaciones o de efectos secundarios. De repente, el uso de cualquier tipo de drogas o fármacos dejaban de ser necesarios, puesto que no llevaban a efecto la sanación deseada. Tan sólo trataban las enfermedades, nunca las curaban. TODAS LAS FORMAS DE MEDICACIÓN TIENEN TIENEN PELIGROSOS EFECTOS SECUNDARIOS,

DADO QUE ÉSTAS NO TRABAJAN EN ARMONÍA CON LA NATURALEZA NI CON LAS NECESIDADES NATURALES DEL ORGANISMO EN SU CONSTITUCIÓN ORIGINAL.

Lo que tuve que hacer después fue emplear mucho tiempo en realizar una completa investigación sobre el por qué el zumo de limón resultaba tan eficaz para corregir todas las enfermedades.

Poco a poco fueron llegando las respuestas, a medida que miles de pacientes se iban curando y liberando de sus aflicciones. El zumo de limón retenía todas las vitaminas y minerales –sin excepciones– durante un prolongado período de tiempo. Se hicieron pruebas a muchas personas antes y después de seguir la dieta, y en todos los casos donde habían carencias de cualquier tipo –con las que se partía–, dejaban de haber deficiencias al final de la dieta, y si no habían carencias al principio –lo cual era extraño– seguían sin haberlas al final. Resultaba fascinante –en realidad, un milagro– que algo tan simple pudiera satisfacer todas las necesidades del organismo con tanta facilidad.

El purificador Maestro
por Herman Schneider
¡Perderse una comida no es malo!

Desde los tiempos de Jesucristo, el cual ayunó durante 40 días, los hombres y las mujeres se han abstenido de comer por múltiples razones; principalmente y entre otras, por cuestiones de salud, con fines políticos, y por la iluminación espiritual.

Sin embargo, el individuo medio, no familiarizado con el ayuno, cree de verdad que morirá si se pierde una comida. Cuando usted escucha que una persona ha muerto después de estar perdida en los bosques o en el mar durante dos o tres días, sepa que no es la falta de alimentos lo que provocó su muerte; lo que la mató fue el pánico y el miedo. La mayoría de la gente que goza de una buena salud puede estar muchos días sin comer, aunque, eso sí, el cuerpo debe disponer de agua. Aún así, existe un ayuno al que llaman «ayuno seco» en el que se emplea pan seco pero no líquidos. Sin embargo, este tipo de ayuno no se puede llevar durante demasiado tiempo.

Hay un desacuerdo generalizado en el campo de la salud sobre la mejor forma de desintoxicar el organismo. Los Higienistas, que son en su mayoría seguidores del Dr. Herbert Shelton, el más hábil expositor del ayuno, utilizan sólo agua destilada mientras que los enemas son tabú. El Dr. Shelton y otros médicos higienistas han hecho ayunar a miles de personas, recuperando muchos de ellos la salud como consecuencia del ayuno. Claro está que, después del ayuno, tuvieron que seguir un modo de vida más saludable. Los higienistas son vegetarianos estrictos que ponen el énfasis en las comidas crudas y las adecuadas combinaciones de los alimentos.

El Dr. Walker y el Dr. Airola abogan por los zumos de frutas y vegetales si se hace necesario el ayuno. En Europa, los naturópatas utilizan el ayuno con caldos y zumos vegetales en vez del ayuno de agua. Los médicos antes nombrados emplean también enemas, y los consideran como vitales para el éxito en el programa de tratamiento. El objetivo, en su opinión, es liberar el organismo de las toxinas desprendidas con la limpieza.

Hace trece años yo tenía la tensión arterial excesivamente alta. No me sentía demasiado bien, por lo que decidí ir al médico. Éste tragó saliva antes de decirme, «su tensión arterial es de 200 sobre 120».

Me dijo que tenía que comenzar a medicarme, pero yo no creía que las drogas fueran la solución para mí, de modo que le pregunté, «¿Cuánto tiempo he de estar tomando fármacos?», y él me contestó, «Su hipertensión irá progresivamente a peor, de modo que tendrá que medicarse durante el resto de su vida». Y luego, continuó, «en treinta años de práctica médica sólo he tenido dos pacientes que pudieron dejar los fármacos».

No me gustó nada su respuesta, de modo que le dije, «Está contemplando a su tercer paciente en dejar las medicinas».

Me miró y se encogió de hombros, como si dijera: «Está loco», y después me dijo: «Tengo centenares de pacientes en medicación por su elevada presión arterial, y usted es el único que se alborota».

Tomé un fármaco durante una semana pero me provocaba mareos, así que me cambió la medicina y me dio un fármaco para la presión arterial alta y otro para los nervios, el cual me dejaba aplastado; y después vino otra droga para levantarme los ánimos que me bajaba la otra droga.

CAMBIO DE TRATAMIENTO

Llegué a la conclusión de que este programa de tratamiento no era para mí, así que me encaminé a ver al Dr. Shelton, en San Antonio, Texas, que cogió todas mis drogas y las tiró, para luego ponerme en una cama para que comenzara mi ayuno. Nunca imaginé que podría estar sin comer tanto tiempo, pero llegué a estar 21 días con tan sólo agua destilada.

Es en el ayuno donde los trastornos que una persona puede tener, pero de los que aún no es consciente, se manifiestan, a medida que el cuerpo comienza a expulsar los venenos. El hombre que ayunaba en la habitación de al lado de la mía expulsó cálculos biliares a los 24 días de ayuno, cuando él, antes de esto, no sabía siquiera que pudiera tener cálculos biliares. En realidad, sufrió mucho hasta que sacó las piedras. Después de muchos años de estudio sobre la sanación natural y las hierbas he llegado a la conclusión de que aquel hombre podría haberse desembarazado de los cálculos de una forma mucho más placentera, utilizando zumo de manzana, aceite de oliva y zumo de limón.

Yo mismo tuve reacciones suaves, a parte de la extrema debilidad. Mi mayor problema fueron los dolorosos retortijones provocados por el gas en los intestinos. También sangré algo cuando el vientre intentaba vaciarse sin haber ingerido nada que le ayudara a moverse.

Mis problemas durante el ayuno podrían haber sido mucho menores si me hubieran dado un enema, pero los higienistas no creen en los enemas, los laxantes ni las hierbas, pues dicen que la naturaleza debe seguir su curso.

El que ayuna debe de estar en cama la mayor parte del tiempo, utilizando su propia energía para desintoxicarse.

A los 21 días de ayuno yo había perdido 9.5 kilos, que gradualmente recuperé durante el proceso de reconstrucción, que debe igualar el tiempo de ayuno. Así pues, estuve sin trabajar durante 42 días.

El ayuno no era placentero, aunque pierdes el deseo por la comida después del tercer día, pero los resultados fueron muy satisfactorios y le dieron el sentido de que había valido la pena; mi presión arterial era ahora de 120 sobre 80, lo cual era perfecto.

Desde aquel ayuno, hace ahora trece años, he vuelto a ayunar en muchas ocasiones tomando sólo zumos vegetales y utilizando lavativas, tal como aconseja el Dr. Walker. Los ayunos eran de corta duración, de dos a cinco días.

Hace cosa de un año fui a un quiropráctico para un ajuste. Estuvimos hablando durante un rato y me dijo que estaba haciendo una limpieza de zumo de limón, de modo que le pedí detalles. Me vendió un libro llamado *La dieta de Sirope de Arce y Zumo de Limón*, de Stanley Burroughs, un sanador natural con unos cuarenta o más años de experiencia.

La purificación comienza con un té de hierbas laxantes que se ha de tomar dos veces al día, por la mañana y por la noche. Si esto no es suficiente para limpiar el tracto intestinal el autor sugiere un lavado con agua salada. Son necesarios estos pasos para sacar las toxinas disueltas por la limpieza del zumo de limón.

Después tenía que beber entre seis y doce vasos de zumo de limón, consistente en limón y sirope de arce en las correctas proporciones, con una pequeña cantidad de pimienta roja que se añade para hacer desaparecer la mucosidad desprendida por la limpieza.

El libro de Burroughs, *La dieta de Sirope de Arce y Zumo de Limón* describe todo el tratamiento, incluyendo directrices para que los diabéticos dejen la insulina, aunque creo que los diabéticos deberían de ponerse bajo la supervisión de sus médicos si deciden seguir el programa de Burroughs. Para los diabéticos no sugiere el uso de sirope de arce en principio sino el de melaza de tira negra. El zumo de limón, el sirope de arce y la melaza de tira negra tienen un alto contenido en minerales y vitaminas.

Estuve haciendo la «Purificación Maestra» durante 12 días, durante los cuales hice ejercicio, paseé y trabajé, sintiéndome más fuerte a medida que pasaban los días y tenía lugar la limpieza. Después, reduje gradualmente el tratamiento, con zumos y caldos durante tres días más. En ningún momento tuve hambre.

La parte más importante de la purificación o de cualquier ayuno es el saber cómo abandonar el ayuno, dejando que el cuerpo se adapte gradualmente a trabajar de nuevo con el alimento sólido. Un procedimiento inadecuado puede causar una enfermedad o incluso llevar a la muerte.

Dado que mi peso era estable cuando comencé la purificación, sólo perdí alrededor de dos kilos en doce días. La gente que tiene exceso de peso perderá mucho más.

El programa de tratamiento de Burroughs aconseja una dieta vegetariana, de modo que esta parte del programa me resultó fácil de aceptar debido a que he sido vegetariano durante muchos años, comiendo principalmente alimentos crudos.

Llevo a cabo esta limpieza dos o tres veces al año, y acabo de leer en el libro de Linda Clark que ella también la viene utilizando desde hace años.

Stanley Burroughs dice que es perfectamente posible realizar sin riesgos la «Purificación Maestra» incluso durante más de 40 días, por cuanto el limón, el sirope de arce o la melaza de tira negra y la pimienta roja actúan tanto como purificadores como reconstructores del organismo.

Desde mi punto de vista, la purificación de Burroughs es la que me ha dado mejores resultados, permitiéndome seguir activo y lleno de energía durante todo el período de tratamiento.

No he vuelto a visitar a ningún médico, y sin embargo, mi presión arterial sigue siendo normal después de todos estos años.

Nota

La siguiente dieta se da tan sólo como sugerencia; cualquiera que la siga debe de hacerlo de forma voluntaria. Dado que cada persona, como es natural, reacciona de forma diferente, cada uno debe enjuiciar por sí mismo sobre su utilización.

El Purificador Maestro
o
La Dieta de Zumo de Limón

Objetivo

Disolver y eliminar las toxinas y la congestión que se haya formado en cualquier parte del cuerpo.

Limpiar los riñones y el aparato digestivo.

Purificar las glándulas y las células de todo el organismo.

Eliminar todo el material endurecido y de desecho en articulaciones y músculos.

Aliviar la presión y la irritación en los nervios y los vasos sanguíneos.

Componer una corriente sanguínea saludable.

Mantener la juventud y la elasticidad a pesar de los años.

Cuándo utilizarlo

Cuando se haya desarrollado una enfermedad —tanto para trastornos agudos como crónicos.

Cuando el aparato digestivo necesita descanso y limpieza.

Cuando el exceso de peso se ha convertido en un problema.

Cuando se necesita mejorar la asimilación y reconstruir los tejidos del organismo.

Frecuencia de uso

Siga la dieta durante al menos 10 días –se puede hacer sin riesgos también durante más de 40 días seguidos en casos extremadamente graves. La dieta tiene todos los nutrientes que el organismo necesita durante este tiempo. Tres o cuatro veces al año es lo ideal para mantener el cuerpo en un estado normal de salud. Se puede realizar la dieta con más frecuencia en casos de alteraciones severas.

Cómo hacerlo

2 Cucharadas soperas de zumo de limón o lima (aproximadamente, medio limón).

2 Cucharadas soperas de sirope de arce natural (no sirope de arce saboreado con azúcar u otras cosas raras).

1/10 de Cucharilla mediana de cayena (pimienta roja) o al gusto.

Agua tibia (de manantial o purificada).

Mezcle el zumo, el sirope de arce y la cayena en un vaso normal de un cuarto de litro y llénelo de agua tibia. (Se puede usar agua fría si se prefiere).

Utilice sólamente limones o limas frescos, jamás utilice zumo de limón o lima envasados, ni granizado de limón ni zumo helado. Utilice limones orgánicos en la medida de lo posible.

El sirope de arce es una forma equilibrada de azúcar positivo y negativo, y es lo que se debe de usar, y no un «sustitutivo». Hay tres graduaciones en el sirope de arce. El sirope de arce del tipo A es el de la primera extracción –de sabor suave, dulce, y con menos minerales que los de otras graduaciones. Es más caro y menos adecuado, pero se puede utilizar. El sirope de arce del tipo B es el de la segunda extracción, con más minerales y más sabor de sirope. Es más adecuado para la dieta y más barato. El sirope de arce del tipo C es el de la tercera extracción, y tiene aún más minerales y el sabor más fuerte, resultando ligeramente menos agradable para la mayoría de personas, aunque aceptable en la dieta. Es el más barato. Como el sirope de arce del tipo C es el que menos cuesta, se puede utilizar como un excelente edulcorante en la preparación de alimentos. El sirope de arce de sabor fuerte se mezcla muy bien.

El sirope de arce tiene una enorme variedad de minerales y vitaminas. Como es lógico, el contenido de minerales y vitaminas variará según la zona donde crecen los árboles y el contenido mineral del suelo. Éstos son los minerales encontrados en muestras medias de sirope de Vermont: sodio, potasio, calcio, magnesio, manganeso, hierro, cobre, fósforo, azufre, cloro y silicio. Las vitaminas A, B1, B2, B6, C, y los ácidos Nicotínico y Pantoténico también se encuentran presentes en el sirope. Más información sobre las necesidades y efectos de estas propiedades se puede encontrar en la parte de Bioquímica, al final del libro.

Algunos elaboradores de edulcorantes de sirope de arce mal informados utilizan píldoras de formaldehído envasadas en tubos de polietileno, pero hay muchos más que no lo hacen así. Busque y pida lo natural, no use formaldehídos.

Llegan centenares de cartas de todo el mundo alabando las grandes ventajas de la dieta de zumo de limón, por lo que tenemos que llegar a la conclusión de que en verdad es El Purificador Maestro, dado que está haciendo mucho por muchas personas. Lo que anotamos a continuación es un fragmento de una de esas cartas: «Probé la dieta de zumo de limón con excepcionales resultados, y me gustaría encargarle al menos seis libros, sea cual sea su precio –sé que necesitaré muchos más conforme los vaya vendiendo. Creo que son los mejores en su campo».

Una fórmula ideal conlleva el uso de zumo de caña de azúcar recién extraído (fácil de conseguir en la India, pero no tanto en los Estados Unidos, al menos por el momento):

1/4 de litro de zumo de caña de azúcar (tibio o frío).

2 cucharadas soperas de zumo de lima o limón.

1/10 de cucharilla mediana de cayena (pimienta roja) o al gusto.

Otro sustitutivo posible pero inferior podría ser el zumo de sorgo puro. (No utilizar para la Diabetes). Pero no tiene las ventajas del sirope de arce.

INSTRUCCIONES ESPECIALES PARA LOS DIABÉTICOS

La diabetes es el resultado de una deficiencia en la dieta, consistente en parte en pan blanco y harina blanca. El zumo de limón hecho con melaza es un sistema ideal para corregir esta deficiencia. Siga las indicaciones para obtener los mejores resultados. La melaza proporciona los elementos necesarios para que el páncreas produzca insulina. A medida que se le proporcionan estos elementos al páncreas, se debe de ir reduciendo gradualmente la cantidad de insulina tomada, como por ejemplo:

El primer día utilice una cucharada sopera sin colmo de melaza por vaso de zumo de limón y reduzca la insulina en unas 10 unidades. Diariamente, a partir de entonces, reduzca la insulina a medida que aumenta la cantidad de melaza hasta llegar a las 2 cucharadas soperas con colmo por vaso. Cuando se haya llegado a esta proporción, la insulina puede ser normalmente eliminada; después, reemplace la melaza por 2 cucharadas soperas de sirope de arce por vaso. Hágase chequeos regulares del nivel de azúcar en orina y en sangre, para satisfacción suya y por eliminar cualquier posible temor. El Vita Flex y la terapia de color pueden venir muy bien para estimular el hígado, el páncreas y el bazo, y así garantizar el uso adecuado de los minerales aportados. Mucha gente se ha encontrado con que ya no necesitaban la insulina. Pero tenían que estar seguros de seguir la dieta recomendada en todos sus detalles, tal como se explica en las páginas siguientes.

Acerca del uso de la miel

La miel no se debe de usar internamente en ningún momento. Se elabora con el nectar que absorben las abejas de las flores –que por sí mismo sería bueno–, predigerido, vomitado y almacenado para su propio uso con el añadido de un conservante. Es deficiente en calcio, y tiene muchos efectos perjudiciales para el ser humano.

Según algunos entendidos, la miel es «algo mágico y místico en el Mundo de los Alimentos Saludables, y es uno de los productos más exageradamente promocionados y sobrevalorados de los que se venden a los crédulos de la alimentación natural. El gran valor que se le atribuye a la miel es engañoso... la miel es tan sólo un poco menos vacua y más peligrosa que el azúcar».

Al igual que el alcohol, la miel, habiendo sido predigerida, entra en la sangre directamente, elevando el contenido de azúcar por encima de lo normal con mucha rapidez. Para corregir esto, el páncreas debe producir insulina inmediatamente o de lo contrario puede sobrevenir la muerte. Es probable que se produzca más insulina de la necesaria, con lo que el nivel de azúcar en la sangre cae por debajo de lo normal. De esta forma se pueden producir períodos de visión negra e incluso puede sobrevenir la muerte si el nivel baja demasiado. Cuando el azúcar en la sangre está por debajo de lo normal, la persona puede sentirse deprimida. El uso regular de miel puede generar desequilibrios constantes que a su vez afectarán negativamente el funcionamiento normal del hígado, el páncreas y el bazo. Las consecuencias del uso de azúcares no equilibrados son la hipoglucemia y la hiperglucemia. Los azúcares equilibrados del sirope de arce y del zumo de caña de azúcar no provocan efectos secundarios peligrosos. Todas las frutas y los vegetales naturales llevan azúcares equilibrados. Los azúcares artificiales, sintéticos y refinados no deberían de tener sitio en una dieta natural.

¿La dieta de zumo del limón es también una dieta adelgazante?

Como dieta adelgazante es superior en todos los aspectos a cualquier otro sistema porque disuelve y elimina todo tipo de tejidos grasos. La grasa se disuelve a razón de casi un kilo diario en la mayoría de las personas, sin ningún tipo de efectos secundarios nocivos.

La mucosidad de enfermedades tales como resfriados, gripe, asma, fiebre del heno, sinusitis y trastornos bronquiales se disuelve con rapidez y es eliminada del organismo, dejando al usuario libre de las diversas alergias que dificultan la respiración y obstruyen las cavidades de los senos faciales. Las alergias vienen como consecuencia de la acumulación de estas toxinas y se desvanecen en cuanto purificamos nuestro organismo. Las personas con exceso de peso suelen experimentar estas dificultades, y cuanto más persisten en ingerir alimentos tóxicos ricos en grasas, más se multiplican sus desarreglos.

Los trastornos que van acompañados de mucosidad se desarrollan como consecuencia de la ingestión de alimentos o bebidas generadores de mucosidad. En otras palabras, si usted tiene estas enfermedades **¡es porque las ha comido!** Cuando dejamos de comer los tan familiares alimentos generadores de mucosidad, es cuando podemos eliminar esa mucosidad y las enfermedades alérgicas para el resto de nuestra vida.

Las enfermedades que vienen como resultado de la acumulación de calcio en las articulaciones, músculos, células y glándulas se disuelven y desaparecen rápidamente, y los depósitos de colesterol en arterias y venas también responden al mágico poder purificador de la dieta de zumo de limón.

Las alteraciones de la piel también desaparecen a medida que el resto del organismo se limpia. Furúnculos, abscesos, carbunclos y granos entran todos dentro de esta categoría. Estas alteraciones son, una vez más, esfuerzos de la Naturaleza por eliminar con la mayor rapidez posible los venenos del organismo.

Las infecciones son consecuencia también de estas vastas acumulaciones de sustancias venenosas, que son disueltas y consumidas, o bien oxidadas para apoyar la acción de limpieza del cuerpo. Por tanto, la rápida eliminación de las toxinas alivia la necesidad de todo tipo de fiebres infecciosas. Las infecciones no se «agarran», sino que las crea la Naturaleza para ayudar a quemar nuestro exceso de desechos.

La dieta de zumo de limón no es sólo una dieta adelgazante, **sino mucho más**. Del mismo modo que otros muchos trastornos desaparecieron cuando se utilizó para curar úlceras, cuando se usa como dieta adelgazante también se corrigen otras disfunciones durante el proceso.

O construimos cuerpos fuertes y sanos con alimentos correctos, o construimos cuerpos enfermos con alimentos incorrectos. Cuando se hace necesaria la enfermedad, la dieta de zumo de limón demuestra su mayor capacidad en la limpieza y la reconstrucción del organismo.

Mezcle parte de la piel y de la pulpa del limón con la limonada en una batidora para apoyar el efecto de limpieza y el efecto laxante. (Cuidado: los limones obtenidos en el comercio pueden llevar la piel tintada con colorantes amarillos y pueden haber sido sometidos a la acción de insecticidas; así pues, asegúrese de quitar la primera capa de piel si no puede conseguir limones incoloros que hayan crecido orgánicamente.) La piel del limón actúa también como hemostático para evitar un exceso de hemorragias y para evitar la coagulación interna, cualquiera que sea la situación que se dé. (No se preocupe –la situación seguirá siendo normal durante los períodos menstruales.)

La adición de pimienta roja es necesaria, pues disuelve la mucosidad e incrementa el calor mediante la reelaboración de la sangre para un esfuerzo adicional. También proporciona mucha vitamina B y C.

Ocasionalmente, también se puede utilizar el té de menta durante la dieta, con el fin de ofrecernos un cambio placentero y para apoyar aún más la limpieza. La clorofila de la menta ayuda como purificador, neutralizando en gran medida los olores de la boca y el cuerpo que se liberan durante el período de limpieza.

¿Cuánto hay que beber?

Tome de seis a doce vasos de zumo de limón al día durante el período de vigilia. Cuando tenga hambre sólo tiene que tomarse otro vaso de zumo de limón. NO DEBE DE TOMAR NINGÚN OTRO ALIMENTO DURANTE LA DIETA. Dado que lleva en sí una composición equilibrada de vitaminas y minerales, uno no tiene por qué sufrir los tormentos del hambre. No ingiera píldoras de vitaminas.

Todo alimento sólido se transforma en líquido antes de que pueda ser llevado a través de la sangre a las células. El zumo de limón es ya un alimento en forma líquida.

Aquellos que tienen exceso de peso pueden tomar menos sirope de arce, mientras que los que necesitan aumentar de peso pueden aumentar también la dosis de sirope de arce. RECUERDE, lo único que posiblemente perderá es mucosidad, desechos y enfermedad. Los tejidos sanos no serán eliminados. Mucha gente que necesita ganar peso lo consigue, normalmente, hacia el final del período de dieta.

Nunca varíe la cantidad de zumo de limón por vaso. Unos seis vasos de zumo de limón al día son suficientes para aquellos que desean adelgazar. Agua extra se puede tomar tanta como se desee.

¿Cómo ayudar al proceso de limpieza?

Dado que es una dieta de limpieza, cuanto más ayude a la Naturaleza a eliminar venenos, mejor. **Si su sistema se resiente, es porque no está eliminando lo suficiente.** Evite esta posibilidad siguiendo las indicaciones al pie de la letra. Por encima de todo, asegúrese de que va al baño dos, tres o más veces al día. Esto puede parecer innecesario cuando no se toma ningún alimento sólido, pero es la forma que tiene la Naturaleza de eliminar los desechos que se han desprendido de las células y órganos de nuestro cuerpo. Tienen que dejar el organismo de alguna manera. Si no se expulsaran los desechos, sería como si barriéramos el piso por aquí y por allí sin sacar nunca la porquería de la casa. Cuanto mejor sea la eliminación, más rápidos serán los resultados.

Se ha comprobado que la mejor ayuda en este aspecto para muchas personas es UN TÉ DE HIERBAS LAXANTES. Es una buena idea el tomar tés de hierbas laxantes desde el mismo comienzo de la dieta –lo último que se hace por la noche y lo primero que se hace por la mañana. Existen distintos tés laxantes de probada eficacia que puede adquirir en cualquier establecimiento de alimentos naturales.

Otra ayuda para la limpieza: el baño interno de agua salada

Del mismo modo que es necesario asear el exterior de nuestros cuerpos, también es necesario asear el interior. No se aplique enemas o lavativas en ningún momento durante la dieta purificadora o después de ella. No son necesarios y pueden ser extremadamente perniciosos.

Existe un método mucho mejor para limpiar el colon sin los dañinos efectos de los acostumbrados enemas. Es un método que limpia todo el tracto digestivo, mientras que los enemas sólo llegan al colon o a una pequeña parte del colon. Y además, es un método que no resulta nada caro.

Indicaciones: Prepare un litro de agua tibia y añádale dos cucharaditas medianas rasas de sal marina no iodada. No utilice la habitual sal iodada porque no funciona de la forma adecuada. Bébase el litro entero de agua y sal nada más levantarse por la mañana. Debe de tomarse con el estómago vacío. La sal y el agua no se separarán, sino que permanecerán intactas y lavarán rápida y completamente todo el tracto en una hora más o menos. Se suelen suceder varias eliminaciones después de su ingestión. El agua salada tiene el mismo peso específico que la sangre, por lo que ni los riñones recogerán el agua, ni la sangre recogerá la sal. Se puede administrar tan a menudo como sea necesario para el lavado correcto de todo el aparato digestivo.

Si el agua salada no funciona a la primera ocasión, pruebe a añadir un poco más o un poco menos de sal hasta que encuentre el equilibrio exacto; o también puede ingerir más agua, con o sin sal. Esto suele incrementar la actividad. Recuerde que esto no puede hacerle ningún daño bajo ninguna circunstancia. El colon necesita un buen lavado, pero hágalo de una forma natural: con agua salada.

Sería aconsejable el tomar un té de hierbas laxantes por la noche para desatascar, y después el agua salada por la mañana para limpiar y sacarlo todo fuera. Si por alguna razón no puede tomar el agua salada por la mañana, tome el té laxante por la noche y por la mañana.

¿Debo tomar «suplementos»?

Algunas personas toman píldoras de vitaminas o alimentos suplementarios durante la dieta, provocando con frecuencia que no se obtengan los resultados deseados. Hay muchas razones para ello. Cuando las glándulas linfáticas se congestionan no son capaces de asimilar y digerir ni siquiera los mejores alimentos. Cuando purificamos nuestros cuerpos y liberamos de toxinas nuestras células y glándulas, la asimilación se bloquea y paraliza, dejando en libertad así a los distintos órganos y procesos para que hagan bien su trabajo. Como podrá comprobar más abajo, todas las vitaminas y minerales necesarios se encuentran en el zumo de limón, por lo que no es necesario un suplemento adicional en la inmensa mayoría de los casos.

Las píldoras vitamínicas y otro tipo de suplementos no crecen en los árboles como tales, sino que de ellos nos llegan en las frutas, las bayas, los vegetales y las plantas. El hombre nunca quiere tomar los alimentos como son, sino que los procesa y combina en una gran diversidad de productos, y los presenta con algo igual o mejor que el original. Así pierden mucha de su energía y vida básica, al combinarlos según el concepto que tiene el hombre. Muchos efectos secundarios peligrosos aparecen a causa del desequilibrio generado, así que póngase del lado de las leyes naturales del equilibrio. Lo primero que uno tiene que decidir es quién está en lo cierto, si Dios o el hombre. Si Dios está en lo cierto, lo más probable es que el hombre y sus ideas de procesado –refinando y redisponiendo las cosas– sean erróneas.

Más tarde, cuando podamos ingerir una mayor variedad de alimentos, buscaremos nuestras fuentes de vitaminas y minerales completos, y lo haremos en formas que sean fácilmente asimilables –no será necesario volver a estos suplementos, aún cuando uno estuviera acostumbrado a tomarlos. Las fuentes de buenos alimentos se están ampliando cada vez más a medida que la gente se informa sobre ello. Búsquelas y confíe en ellas para todas sus necesidades de nutrición.

El limón es un agente desatascador y limpiador de primer orden, con muchas propiedades constructivas. La capacidad combinada del limón y el sirope de arce lleva a los resultados deseados.

Su 49% de potasio fortalece y da energía al corazón, estimula y recompone los riñones y las glándulas suprarrenales.

Su oxigeno potencia la vitalidad.

Su carbono actúa como estimulante motriz.

Su hidrógeno activa el sistema nervioso sensorial.

Su calcio fortalece y cimenta los pulmones.

Su fósforo traba los huesos, estimula y recompone el cerebro con el fin de clarificar el pensamiento.

Su sodio activa la reconstrucción de tejidos.

Su magnesio alcaliniza la sangre.

Su hierro recompone los glóbulos rojos para corregir con rapidez las formas más comunes de anemia.

Su cloro limpia el plasma sanguíneo.

Su silicio ayuda a la tiroides para procurar una respiración más profunda.

El hierro, el cobre, el calcio, el carbono y el hidrógeno naturales que se encuentran en la edulcoración proporcionan más material constructor y limpiador. Ciertamente, es una combinación perfecta para la limpieza, la eliminación, la curación y la reconstrucción. De ahí que no sea necesario ningún tipo de suplemento durante la dieta, que puede, en definitiva, interferir más que otra cosa la acción purificadora.

¿Hará que me sienta mal o débil?

En el proceso de purificación algunas personas experimentan una tremenda agitación e incluso pueden llegar a sentirse mal durante varios días. No es el zumo de limón el que causa el problema, es la agitación que genera este zumo en el sistema lo que nos provoca los vértigos y otros trastornos. En determinadas circunstancias hasta pueden haber vómitos, puede haber un aumento del dolor en las articulaciones, y se pueden sentir mareos durante algunos días. Si en algún momento se siente debilidad se debe a los venenos que circulan por la corriente sanguínea más que a la falta de alimentos o vitaminas. Esta dieta proporciona a la persona todas las vitaminas, el alimento y la energía necesarios para diez días o más, pero en forma líquida. Descanse y facilítese la situación si tiene que hacerlo –aunque la mayoría de la gente puede continuar con sus ocupaciones habituales sin dificultad. Siga con la dieta; no ceda ni haga «trampas» comiendo algo o puede arruinar los buenos resultados.

Aún cuando el limón es una fruta ácida, se convierte en alcalina cuando se digiere y asimila. De hecho, es la mejor ayuda que podemos recibir para conseguir el adecuado equilibrio alcalino. No hay ningún peligro por «demasiado ácido».

Los alcohólicos, los fumadores y otros drogodependientes se verán indeciblemente beneficiados con esta dieta. Los cambios químicos y la limpieza hacen desaparecer el anhelo del hábito, así como las más que probables deficiencias. De esta manera, el deseo por estimulantes y depresores artificiales desaparece. El anhelo vehemente habitual que se experimenta y se sufre cuando se abandonan las drogas, el alcohol y el tabaco dejan de presentarse durante y después de esta dieta.

Ciertamente, es una maravillosa sensación la de liberarse de la esclavitud de todos estos elementos creadores de hábitos y desvitalizadores de la vida moderna. El café, el té y los distintos refrescos de cola, como bebidas creadoras de hábito, pierden también su atractivo gracias a las maravillas de la dieta de zumo de limón.

Cómo dejar la dieta de zumo de limón

Es muy importante el dejar de forma correcta la dieta de zumo de limón –por favor, siga las indicaciones con sumo cuidado. He observado que mucha gente, después de haber vivido durante muchos años en un clima semitropical o tropical, vuelven a una dieta de frutas, frutos secos y vegetales crudos. Lo que sigue a continuación es una relación para la gente que sigue habitualmente una dieta vegetariana natural como la que hemos comentado:

PRIMER y SEGUNDO DÍA DESPUÉS DE LA DIETA:

Varios vasos de zumo de naranja fresca a discreción durante el día.

El zumo de naranja prepara al aparato digestivo para la adecuada y regular digestión y asimilación de alimentos. Bébalo lentamente. Si hubiera alguna dificultad digestiva antes o durante el cambio, se puede tomar agua extra junto con el zumo de naranja.

TERCER DÍA:

Zumo de naranja por la mañana. Fruta cruda en la comida. Fruta o ensalada de vegetales crudos por la noche. Usted ya está preparado para comer con toda normalidad.

Para aquellos otros que se han estado alimentando de forma no natural con carne, leche y alimentos refinados y desvitalizados, puede ser mejor realizar el cambio de la siguiente manera, adaptándose gradualmente a la dieta de frutas, frutos secos y vegetales crudos:

Primer día:

Varios vasos de zumo de naranja fresca a discreción durante el día.

Bébalos lentamente.

Segundo día:

Beba varios vasos de zumo de naranja durante el día –con agua extra si es necesario. En algún momento durante la tarde prepare una sopa vegetal (no envasada) de la siguiente manera:

Receta para la sopa vegetal

Utilice varias clases de vegetales, por ejemplo una o dos clases de legumbres, patatas, apio, zanahorias, cogollos de vegetales verdes, cebolla, etc. Se pueden añadir vegetales deshidratados o concentrados de sopa vegetal para darle más sabor. Se puede incluir también quingombó, chiles, curry, cayena (pimienta roja), tomates, pimientos y calabaza zucchini para mejorarla aún más. Se puede utilizar también arroz integral, pero nada en absoluto de carne. Y otras especias se pueden añadir en poca cantidad para mejorar el sabor. Utilice sal, dado que una cantidad limitada de sal es necesaria, pero sin pasarse. Aprenda a disfrutar del sabor natural de los vegetales. Cuanto menos cocine mejor. Y lea el artículo especial sobre la sal aparecido en Septiembre de 1977 en la revista de National Geographic.

Tenga lista esta sopa para la cena, utilizando principalmente el caldo, aunque también puede comerse algo de los vegetales. También se puede comer una pequeña cantidad de pan de centeno con la sopa, pero no pan blanco ni galletas.

Tercer día:

Beba zumo de naranja por la mañana. Para la comida algo más de sopa, de la que se puede haber hecho la suficiente durante la noche anterior, guardándola después en el refrigerador. Para cenar puede comer lo que le apetezca en forma de ensaladas vegetales o fruta. Nada de carne, pescado, o huevos; nada de pan, pasteles, té, café o leche. La leche genera muchísima mucosidad y tiende a desarrollar toxinas por todo el organismo.

(La leche, al ser un alimento predigerido, puede causar diversas complicaciones en el estómago y en el colon, tal como retortijones y convulsiones. El calcio de la leche es difícil de asimilar y puede generar toxinas que lleven a la fiebre reumática, artritis, neuritis y sinovitis. El resultado de la mala digestión y asimilación del calcio le permite alcanzar libremente la corriente sanguínea, depositándose en los tejidos, células y articulaciones y llevando a la persona a padecer un intenso dolor.)

CUARTO DÍA:

Se puede reanudar la alimentación habitual, pero sería más saludable el que la primera comida del día consistiese en la ingestión de nuestro zumo de limón o algún otro zumo de frutas; y con más motivo, claro está, si se sigue una dieta estricta de frutas, vegetales, semillas y bayas. Si, después de reanudada la alimentación, aparece algún tipo de dolor o gases, sugerimos que se continúe con la dieta de zumo de limón durante varios días más hasta que el sistema esté listo para la ingestión de alimentos.

Resumen de los pasos a seguir en la dieta. Lea con atención todas las indicaciones para que la dieta sea lo más provechosa posible para usted.

Primero, prepárese mentalmente para seguir con detalle todas las indicaciones y siga adelante hasta donde sea necesario con los cambios que se deben de hacer. Una de las mejores señales de que la dieta se ha llevado a término es el aspecto limpio y rosado de la lengua, que al principio del programa se muestra velada y cubierta por una capa de color amarillento.

La noche anterior al comienzo de la dieta tome un té laxante.

Por la mañana tome agua salada (o) un té laxante (ver página 62 para más detalles). Esto se debería de hacer cada mañana y cada noche durante la dieta, salvo –rara excepción– en caso de que se desencadene una diarrea. En ese caso, cuando la diarrea haya pasado, continúe con las indicaciones expuestas arriba.

Ahora, la fórmula del zumo de limón (ver página 53 para más detalles, o página 56 si es diabético).

Fin de la dieta. Asegúrese de que sigue las indicaciones al pie de la letra con el fin de preparar a su organismo para una alimentación normal. No coma en exceso ni coma antes de lo previsto. Pueden aparecer serios problemas (náuseas) si no se siguen las indicaciones especificadas.

¿Cómo puedo conseguir el adecuado aporte de proteínas?

En muchas ocasiones se pregunta por la necesidad de aminoácidos y de alimentos con proteínas animales. Se ha exagerado mucho sobre esta necesidad, dado que sólo el 16% de nuestro organismo está compuesto de proteínas. La respuesta es muy simple. Lo primero que tenemos que hacer es comprender que la proteína pura es principalmente nitrógeno, con oxígeno, hidrógeno y algo de carbono. Todos sabemos que una gran parte de nuestras necesidades de oxígeno e hidrógeno, así como algo de carbono, la obtenemos del aire que respiramos. Hay cuatro veces más nitrógeno en el mismo aire que oxígeno, hidrógeno y carbono juntos. Del mismo modo que somos capaces de utilizar y asimilar en gran medida estos elementos para nuestras necesidades corporales, también somos capaces de asimilar y elaborar proteínas en nuestros cuerpos a partir del nitrógeno. Esta labor se realiza por la acción de una bacteria natural que es capaz de transformarlo para nuestro uso.

Con la combinación de unos buenos alimentos y aire puro podemos crear nuestros propios aminoácidos, del mismo modo que lo hacen los animales. Nunca deberíamos obtener aminoácidos a través de los animales. Así podríamos eliminar la necesidad de la tóxica carne muerta del animal y no tener que preocuparnos más por una fuente de proteínas constante. Coma sólo buenas frutas, bayas, frutos secos, vegetales, semillas y germinados para tener un aporte completo de proteínas.

Los fumadores no pueden conseguir con tanta facilidad el nitrógeno del aire, pero aún así pueden obtener el suficiente aporte a partir de una alimentación adecuada, sin necesidad de utilizar carne animal. Sin embargo, para su bienestar sería mejor que dejaran de fumar.

Mucha gente cree que la carne les da fuerza. Si esto es así, ¿por qué los animales más fuertes del mundo son vegetarianos? ¿Se había parado a pensar que los animales que usted come son vegetarianos? ¿De dónde sacan ellos su fuerza? Los animales carnívoros tienen la necesidad de dormir de 16 a 18 horas diarias a causa de su exceso de toxinas y, por otra parte, su vida es corta. Dios ha proporcionado una cantidad tan generosa de alimentos frescos y saludables que es absurdo que en una civilización moderna como la nuestra haga falta matar animales para alimentarnos con su tóxica carne.

La alimentación de su bebé

Todos los bebés deberían de ser amamantados por la madre en la medida de lo posible, puesto que no existe nada que pueda sustituir su función. La leche de vaca o de cabra es para las crías de estos animales, y no para el consumo de los bebés humanos. Generan mucha mucosidad y otros problemas, entre los que se incluyen los resfriados y las enfermedades infecciosas, al igual que ocurre con los adultos.

Una alimentación correcta, la estimulación refleja y la terapia de color le asegurarán a la madre toda la leche que necesita para su bebé. En los casos en que la madre no disponga de leche para su hijo, el mejor sustitutivo es la leche de coco –véase la receta en la página 89. Junto con esto, se le puede dar al niño un cuarto de litro de zumo de limón entre toma y toma de leche. A la fórmula normal de la limonada añada una cantidad doble de agua hasta que el bebé tenga seis meses de edad, para después cambiar gradualmente hasta la dosis prescrita con anterioridad. El lactante debería de ser destetado a los nueve meses, para comenzar a alimentarse regularmente a partir de aquí.

Las fórmulas y alimentos comerciales preparados para el bebé no cumplen con las necesidades de equilibrio nutritivo que demanda su salud. En artículos y reportajes de televisión de reciente aparición se indica que estos alimentos, **en todos los casos**, resultan de todo punto indeseables. Es mejor que prepare alimentos frescos a base de frutas, vegetales, bayas y semillas, dado que el bebé no tiene ninguna necesidad de productos animales o de pescado, y utilice sirope de arce puro en lugar de azúcar o miel cuando necesite endulzar algo. El cuidado de la salud del bebé resulta agradable y con pocos problemas cuando se sigue este modelo, al tiempo que le permitirá desarrollar con ello unos hábitos saludables de nutrición para el resto de su vida.

¿Es bueno el ayuno de agua?

El tema del ayuno de agua es algo que suele plantearse. Personalmente me opongo a un ayuno de agua de varios días o semanas, porque es muy peligroso e innecesario para alcanzar los resultados apetecidos de limpieza interior.

Muchas personas tienen ya deficiencias o se encuentran hasta cierto punto intoxicadas, de modo que, cuanto más tiempo estén sin comer, mayores se harán las deficiencias. La dieta de zumo de limón es más que suficiente para proporcionar todos los posibles beneficios del ayuno, al tiempo que restaurará cualquier posible deficiencia.

Normalmente, cuando se ayuna, hay que buscar facilidades para poder descansar y permanecer en la cama. Por el contrario, con la dieta de zumo de limón no hace falta convertirse en un miembro inútil de la sociedad –usted puede seguir en activo, llevando una vida normal. Muchas personas que tienen trabajos duros y pesados han descubierto que son capaces de trabajar más y mejor con la dieta de zumo de limón que con la dieta habitual.

Si uno, después de haber hecho la limpieza, con un cuerpo sano, desea ayunar por razones exclusivamente espirituales durante treinta o incluso cuarenta días, no habrá ningún problema. Pero lo primero es que nuestros cuerpos físicos estén en las mejores condiciones posibles.

Es posible que sus amigos y conocidos descubran que la dieta de zumo de limón es la respuesta para sus achaques, dolores y demás trastornos. Aún cuando parezca que no hay nada mal, incluso los que «no han estado nunca enfermos» se llegarán a sentir mejor. Deles ocasión a sus amigos de recibir los beneficios de la dieta.

El don de la vida para Sheila

Alrededor del año 1958 di una clase en Hemet, California, a la que asistieron el señor y la señora C. Durante los años que siguieron, ambos consiguieron muchas cosas fabulosas en el campo de la salud. Uno de los casos más llamativos podría catalogarse como de verdadero milagro en cualquier campo o sistema de sanación.

En algún momento de 1963, el señor C. asumió la responsabilidad de sacar adelante y cuidar de su sobrina nieta, que tenía entonces tres semanas y media. Había sido diagnosticada por el médico como un caso desesperanzador para el que, según sus conocimientos, no había ninguna forma de ayuda. De hecho, esperaba que la niña muriera a los pocos días, puesto que no había medicina posible que pudiera salvarle la vida. Les dijo a sus padres: «Llévensela a casa e intenten disfrutar de ella los pocos días que va a vivir».

La pareja aceptó la responsabilidad, procediendo a alimentarla y cuidarla según los métodos naturales. La alimentación consistió en zumo de limón fresco, zumo de naranja y zumo de zanahoria durante unos tres años. Poco a poco comenzó a ingerir otros alimentos crudos naturales –nada de leche animal ni comidas procesadas. Y también se le dio tratamiento de terapia de color y Vita Flex como parte del proceso constructivo de sanación.

Tuve el particular privilegio de contemplar a esta muchacha a la edad de 14 años. La belleza y el porte de la muchacha eran de lo más avasallador. En la actualidad es una consumada organista, pianista, cantante de ópera y pintora.

Salió adelante sin ningún tipo de producto animal y nunca ha sido sometida a ningún tipo de medicación, operación quirúrgica o vacuna. Durante aquellos catorce años no sufrió ninguna de las enfermedades que padecen otros niños cuando crecen con los métodos ortodoxos.

Sheila vino hacia mí en nuestro primer encuentro y afirmó muy emocionada, «Señor Burroughs, no se puede hacer una idea de cuánto le aprecio, porque sin usted y su sistema yo no estaría viva ahora».

En aquel momento pensé en lo maravilloso que era que, gracias a mi fuerte y persistente deseo, hubiera creado un sistema que había salvado la vida de aquella muchacha, y que podría salvar las vidas de otras muchas personas sin esperanzas si todo el mundo pudiera enterarse de esto.

De repente desaparecieron todos los años de frustraciones que había soportado para llevar adelante mi trabajo, y esto me hizo sentir que todo había valido la pena. El estremecimiento de saber y utilizar este conocimiento para traer una vida más abundante a un mundo que sufre no tenía límites.

Este caso, como otros muchos casos, demuestra que, cuando trabajamos inteligentemente junto con las leyes naturales, las enfermedades, tal como las conocemos, dejan de existir. Este trabajo debe de seguir adelante y estar disponible para todos, no importa quién o dónde se encuentre.

Un nuevo tratamiento para una vieja dolencia: la hidropesía (el edema)

La hidropesía es una de las expresiones más dificultosas y menos comprendidas de la toxemia. Consiste en la acumulación de fluidos en los tejidos del cuerpo, y poco o ningún éxito han tenido los distintos intentos que se han hecho por corregir esta alteración. Los principales tratamientos sólo han podido dar un alivio temporal y el resultado final, dado que los tratamientos no son capaces de producir ningún cambio, es la muerte por anegamiento interno.

Para conseguir un alivio rápido y la posterior corrección del problema, hay que comprender las causas en profundidad. Más tarde, nuestro enfoque, tan simple como poco frecuente, ante esta antigua enfermedad, logrará resultados rápidos y definitivos.

Como ocurre con tantas otras enfermedades, la hidropesía representa una enorme acumulación de desechos tóxicos. Estas toxinas se acumulan debido a que nuestros órganos de eliminación son incapaces de hacerse cargo de ellas con la misma rapidez con que entran y se forman en el organismo. Cuando las acumulaciones crecen se nos presentan en forma líquida, y si no son eliminadas del organismo, comienzan gradualmente a deshidratarse y a cristalizar. Entonces se depositan en alguno o en todos los espacios disponibles de las células, glándulas y órganos. Y así continúa el proceso hasta que se alcanza el punto de saturación, momento en el cual la Naturaleza invierte la acción y disuelve lentamente todo el material deshidratado y cristalizado. Este cambio es el esfuerzo final del organismo por salvar la vida ante el inminente colapso de todas las glándulas y órganos, puesto que sólo se pueden eliminar las toxinas en forma líquida o semilíquida. Normalmente, llegado este momento, nuestros órganos de eliminación están sobresaturados o bloqueados, siendo el corazón, el hígado y los riñones los que más sufren, por lo que se ven incapacitados para sacar fuera las toxinas líquidas. Entonces, el cuerpo aumenta su tamaño hasta que llega al punto de no poder sustentar la vida.

La corrección de esta alteración fatal es muy sencilla, rápida y efectiva. Simplemente, sigan las indicaciones y los resultados serán de lo más satisfactorio.

Vamos con el tratamiento. Que el paciente se ponga en marcha con la dieta de zumo de limón. Con esto comenzaremos el proceso de purificación interior.

Después, hágase con cuarenta y cinco (45) kilos de sal de roca gruesa (que puede comprar en cualquier tienda de alimentación). Cubra el fondo de la bañera con una capa de sal de cinco centímetros de espesor. Desnude al paciente y envuélvalo con una sábana mojada. Después, acueste al paciente sobre la sal y eche otros cinco centímetros de espesor de sal por encima de su cuerpo, de manera que quede envuelto de sal. El cuarto de baño debe de estar a una temperatura de entre 26 y 28 grados centígrados para que el paciente no se enfríe. (La bañera puede haberse calentado previamente con agua caliente antes de poner la sal. Que no quede NADA de agua en la bañera cuando vaya a poner la sal.)

Deje al paciente envuelto en sal durante alrededor de una hora. Asegúrese de que se le han dado varios vasos de zumo de limón caliente con pimienta roja previamente.

Saque al paciente de la sal y envuélvalo con una manta de lana para que se mantenga caliente. Si hace falta se le puede dar calor extra. Repita este tratamiento cada dos días o a diario, si no se encuentra demasiado débil por los rápidos cambios.

NOTA IMPORTANTE: La sal tiene que utilizarse una y otra vez con el mismo paciente, pero no con cualquier otro. Cada persona debe de tener su propia sal.

El darse uno o dos baños al día, particularmente durante la dieta, es especialmente necesario. Eliminamos los desechos a través de la respiración, la piel, los riñones, el colon y desde los senos faciales a través de la nariz. La mayor parte de los desechos se eliminan a través de la respiración, en segundo lugar la piel, después a través del colon, los riñones y, según las personas, los senos faciales. A menudo se eliminan grandes cantidades de desechos en forma de mucosidad durante los resfriados y las gripes. También se puede ver lo importante que resulta nuestra eliminación a través de la piel. Aún estando en buen estado físico, conviene bañarse una o dos veces al día para barrer los desechos de la superficie de la piel, permitiendo así que ésta respire correctamente. Estos baños nos ayudarán a eliminar los molestos olores que se originan mientras purificamos nuestro organismo. También puede ayudar el darse baños de vapor con cierta frecuencia.

El sencillo arte de la nutrición

Hay unas leyes o reglas sencillas y definidas que se deben de seguir para sacar el máximo provecho de la preparación y el consumo de alimentos. Estas leyes son naturales, fáciles de comprender y están perfectamente demostradas. Sólo cuando las seguimos y vivimos según su simplicidad es cuando se purifica nuestra sangre y se serena nuestra mente. En la medida en que vivamos según ellas dejaremos de pensar en la enfermedad, y ya no nos será necesario buscar ayuda o alivio en el exterior.

Miles de personas con todo tipo de enfermedades han logrado alcanzar este excelente estado de salud, ya que todos los trastornos y desordenes responden y desaparecen cuando descubrimos el sendero de una vida saludable.

La limpieza, la reconstrucción y la conservación es la línea maestra de esta sencilla forma de nutrición. Pero antes de que se pueda realizar la reconstrucción y la conservación, se debe de hacer una limpieza total de toxinas, venenos y congestiones.

Y desde estas páginas se le ofrece lo mejor en cuestión de limpieza y sanación: la dieta de zumo de limón.

En un artículo aparecido en **The National Enquirer**, del 22 de Julio de 1975, Jeanne Dixon ofrecía la siguiente predicción: «Uno de los mayores descubrimientos médicos de la decada nos va a llegar desde el mundo de los cítricos. Los científicos van a desarrollar nuevas e increíbles drogas a partir de estas frutas para combatir una amplia gama de enfermedades que se han cebado con la humanidad durante siglos. Se va a investigar un elemento químico de la fruta que puede fortalecer nuestra resistencia natural a muchas enfermedades».

En realidad, el elemento o los elementos químicos presentes en los cítricos no hacen más resistente al organismo contra la enfermedad; más bien, eliminan las causas de la enfermedad mediante su acción purificadora. Las increíbles y nuevas maravillas de la química fueron descubiertas hace muchos años por un servidor, y se están utilizando ya con la dieta de zumo de limón que está teniendo un tremendo éxito en todo el mundo.

No hay ninguna necesidad de crear nuevos elementos químicos, dado que Dios ha hecho ya el trabajo y lo ha hecho mejor de lo que hubiera podido hacerlo cualquier grupo de hombres, fueran cuales fueran su preparación académica y sus habilidades. Estos elementos químicos se encuentran ya en los cítricos, preparados para actuar a un nivel óptimo de eficacia, por cuanto hay otros elementos químicos necesarios que les hacen compañía. Cuando varios elementos químicos se separan o aíslan, se provoca un desequilibrio que trae como consecuencia la aparición de los nocivos efectos secundarios, que destruyen el plan original de limpieza y reconstrucción. Sólo cuando usamos lo mejor de los alimentos en su **forma original**, es cuando podemos obtener lo mejor de ellos.

Durante muchos años les he estado insistiendo a mis alumnos en la necesidad de alimentarnos con el producto completo, en lugar de nutrirnos sólo con sus distintas unidades por separado, como por ejemplo el zumo de las zanahorias, los zumos vegetales, etc. Echamos la pulpa –la fibra– y nos tomamos sólo el zumo. Hay también muchas propiedades necesarias en la fibra que ayudan al correcto tratamiento de los zumos. ¿No es evidente que su ausencia puede provocar deficiencias y desequilibrios? Conocemos los excelentes resultados de los zumos de zanahoria, de apio y otros zumos vegetales, pero ¿cuánto podrían mejorar sus efectos si los dejáramos intactos y los tomáramos así? Probablemente nos alimentaremos de una forma más completa masticando correctamente unas cuantas zanahorias que bebiéndonos una docena de vasos con zumo de zanahoria pero sin fibra.

Recientes descubrimientos nos dicen que la fibra «es lo importante». Antes nos decían que no tomáramos fibra porque podía provocar problemas diversos en el colon. Para determinar la importancia de todo esto y ponerlo en práctica, ¿teníamos que lanzarnos adelante con la idea utilizando cosas tales como fibra vegetal en el pan (buena para las termitas pero no para el hombre) o, digamos, cereales, o quizás alguna otra materia extraña a estos productos?, ¿o deberíamos de utilizarlo en su forma original, sin quitarle nada desde un principio? Esto me recuerda la controversia que hubo con el pan blanco -las pruebas demostraban que el pan blanco no era adecuado como sustento para la vida aún cuando se le añadiera leche y huevos, añadiéndole con ello una gran variedad de vitaminas, «enriqueciéndolo», según la terminología empleada. Después se descubrieron nuevas normas o se creyó que era necesario enriquecerlo más –se le añadió hierro–, se les antojo que también hacían falta conservantes y protectores, y por último se pensó que era importante el que tuviera algo más de fibra. Pues bien, todas estas cosas se le añadieron... ¡con lo bueno que era el pan! –se le quitaron unas cosas y se le añadieron otras para reemplazarlas.

¿Podrían ser los nuevos ingredientes tan buenos como los ingredientes originales? El pan blanco siempre me ha parecido un revoltijo de apariencia enfermiza. Seguramente existía una razón para que los elementos gruesos y otras cosas estuvieran allí en su origen, pero quizás pensaron que Dios se había equivocado y que el hombre tenía que arreglarlo.

Todo este asunto se podría haber evitado si se hubieran dejado las cosas tal como estaban en su origen. Ahora, si somos capaces de aceptar todo lo ocurrido como una lección necesaria, podemos dejar el resto de nuestros alimentos tal como son y dejar de ponerles germen de trigo extra, lecitina, vitaminas, minerales, fibra (de salvado o vegetal) y otros muchos extras que pretenden apoyar y enriquecer una gran variedad de productos desintegrados y desvitalizados.

Otra de las cosas que piensa mucha gente: «Si una pequeña cantidad es buena, entonces, lógicamente, una cantidad mayor será mucho mejor». Al tomar mucho más de algo es muy posible que, de nuevo, estemos echando por la borda y consumiendo más de lo que el organismo puede manejar de una vez, con lo que nos veremos obligados a trabajar horas extras para poder manejar y eliminar el exceso o, de lo contrario y por desgracia, obstaculizaremos la marcha emprendida y perderemos la razón original por la que estábamos siguiendo este procedimiento.

Me parece que deberíamos de comenzar otra vez desde el principio: empezar por comer las cosas tal como son y en cantidades limitadas, para permitirle al organismo que las digiera y asimile en la cantidad justa que puede manejar, sin excesos.

La utilización de proteínas para reducir peso se

puso de moda en un momento determinado, y con el tiempo, una de esas proteínas predigeridas ha generado muchas deficiencias graves, hasta el punto de haber muerto muchas personas por falta de potasio y otros elementos necesarios para la vida.

Esta sencilla idea puede y debe de ahorrarnos un montón de tiempo, de dinero y de investigación inútil para probar posibles deficiencias. Y, ciertamente, las ventajas del ahorro económico pueden convertirse en las más importantes.

El objetivo ideal de cualquier dieta completa es el de tener todas las vitaminas, minerales y nutrientes en una forma que resulte fácil de asimilar, con el fin de permitir al organismo que funcione con normalidad y que se libere de las enfermedades y otros trastornos.

Dado que muchas personas en el mundo se encuentran discapacitadas por múltiples enfermedades, lo primero que tienen que hacer es purificar su cuerpo antes de que puedan aplicarse la dieta adecuada. Así, la enfermedad y el sufrimiento volverán la cara ante la mejor de todas las dietas de limpieza, EL PURIFICADOR MAESTRO o LA DIETA DE ZUMO DE LIMÓN.

¿Y qué decir del uso de vitaminas?

Las vitaminas y los minerales han sido siempre parte fundamental de la vida natural. No satisfecho con el plan de Dios, el hombre ha intentado mejorar la situación separándolos de los alimentos vivos y frescos para después procesarlos y combinarlos con el fin de adaptarlos a su concepto de los que debería de ser. No satisfecho con el producto terminado, se intentó producirlos sintéticamente. Fue el gran negocio –y nos convertimos en un mundo de «empujadores de píldoras», fueran necesarias o no. La mayor parte de las veces no eran necesarias. En realidad, nadie supo si las píldoras eran necesarias, o cuán necesarias –¡la gente simplemente las tomaba porque **podían** tener una deficiencia!

El modo en que estas vitaminas y minerales deberían de estar equilibrados y formulados llevó a muchas diferencias de opinión. Gran cantidad de expertos en el proceso y la elaboración de píldoras discrepaba en cuanto al modo en que se deberían de elaborar tantos billones de píldoras. Todos ellos tenían fórmulas diferentes y proclamaban que la suya era la mejor, aún cuando mucho se perdía en el proceso. Sin embargo, aún sin un consenso claro sobre su valor y uso, las píldoras fueron elaboradas y procesadas; por tanto, había que venderlas sin pensar en los posibles efectos secundarios por sobredosis o desequilibrios. Tanto los fabricantes como los vendedores ganaron millones de dólares, con poca visión sobre las verdaderas necesidades del consumidor.

En realidad, toda esta historia se podría haber evitado. Nuestro Creador había hecho ya el mejor de los trabajos, de forma que podíamos estar seguros de que recibíamos todas las vitaminas y minerales necesarios de un modo equilibrado y perfecto. Sólo los mejores alimentos naturales, en su envoltorio original, son lo suficientemente buenos como para aportar vida y energía para reconstruir y mantener la salud del organismo. Cada vez que el hombre intenta mejorar las fórmulas y los planes de Dios, el resultado está sujeto a terminar en fracaso.

Las sencillas reglas para una nutrición completa incluyen todas las vitaminas y los minerales necesarios para los seres humanos y los animales. El Creador dio el alimento correcto al animal correcto para su nutrición más completa. Esto también es cierto en el caso del hombre. Cuando estos alimentos se preparan y se ingieren de la manera adecuada, no hay nada más que el hombre pueda hacer para preparar un alimento mejor.

Si ingerimos los alimentos correctos y sin excesos, el organismo producirá TODAS las vitaminas necesarias. Los alimentos que se desarrollan de la forma adecuada, en un suelo rico y completo en minerales, tendrán todos esos minerales en su interior. Así pues, no tenemos ninguna necesidad de alimentos enriquecidos con vitaminas, creados sintéticamente por el hombre, ni tenemos necesidad extra de minerales.

Todos los alimentos refinados y desvitalizados deben de ser eliminados completamente de nuestra dieta. Si ingerimos este tipo de alimentos, entonces y sólo entonces tendremos necesidades suplementarias de nutrientes. En qué cantidad y qué combinación será algo que posiblemente jamás se podrá determinar, ni siquiera con largos y complicados tests, por lo que esta forma de nutrición artificial siempre tendrá deficiencias. Tal plan es un pobre sustituto del sendero correcto.

Sugerencias de menú

Nuestro organismo discurre por un proceso de limpieza desde las doce de la noche hasta las doce del mediodía, y por un programa de reconstrucción desde las doce del mediodía hasta las doce de la noche. Por lo tanto, lo que se ingiere durante estos períodos debe de estar en armonía con los procesos naturales. Las siguientes sugerencias tienen en cuenta este proceso natural.

Desayuno:

El organismo sólo requiere zumo de limón fresco o zumo de naranja o de uvas frescas. Ocasionalmente, si a uno no le apetece ni siquiera esto, puede tomar un té caliente de menta, que proporciona una agradable sensación de limpieza y constituye un estupendo tónico.

Almuerzo:

El almuerzo se puede omitir sin que devengan por ello efectos perjudiciales; a muchos les parecerá perfectamente suficiente una pequeña cantidad de fruta. Si se desea algo más, se puede comer una pequeña ensalada de vegetales o fruta. También se puede tomar junto con la ensalada de vegetales una sopa (casera y vegetariana, claro está) o un zumo de tomate, frío o caliente. La leche de coco o de almendra se puede tomar con la ensalada de fruta.

Nota: Las recetas para la leche de coco y la leche de almendras, así como para otros aderezos, se pueden encontrar en las siguientes páginas.

CENA (Noche):

Una cena sencilla se puede preparar con un primer plato consistente en sopa de vegetales, seguido por dos o tres vegetales al vapor muy poco hechos. En otras ocasiones puede probar a hacer platos especiales tales como el estofado de vegetales, diversas clases de platos de arroz integral (arroz con curry, arroz a la española, chop suey y arroz), chiles (hechos con judías blancas o judías pintas), o cualquier receta que utilice lentejas o garbanzos –pero no carne, claro. La carne vegetal y otros preparados comerciales sustitutivos de la carne deberían de utilizarse muy, muy rara vez, o nada en absoluto.

Las bayas, de todas las clases, constituyen un excelente aditamento tanto para el lunch como para la cena.

Cambie su menú a diario. Asegúrese de que hay mucha variedad de un día para otro. No coma en exceso –aténgase a pequeñas porciones. En alguna ocasión, una comida de monodieta puede ser muy beneficiosa, como por ejemplo, arroz integral con leche de coco y un poco de sirope de arce nada más, alcachofas al vapor sólo, maíz verde fresco sólo, melón, fresas. Muchos otros elementos sencillos pueden venirle a la cabeza.

La idea generalmente aceptada de la necesidad de cinco categorías de alimentos al día es errónea. Lleva demasiado tiempo, es costosa y no lleva a los resultados deseados que la simplificación sí que consigue. Diferentes clases de alimentos tienen diferentes requerimientos en tiempo y capacidad para digerirlos adecuadamente. Demasiadas combinaciones suelen generar diversos trastornos digestivos.

LECHE DE COCO

La leche de coco se puede utilizar en todo tipo de recetas en donde aparezca la palabra leche. Otras leches hechas a base de frutos secos son también buenas. Son superiores y preferibles a cualquier otra leche animal. Utilice frutos secos frescos mejor que enlatados o en polvo.

Para preparar leche de coco, comience poniendo agua caliente hasta la mitad (en la batidora). Añada 2 cucharadas soperas de sirope de arce y una pizca de sal. (Estos dos ingredientes se pueden dejar aparte si no le apetecen.)

Mientras la batidora está en marcha (a media o alta velocidad) eche los trozos de coco hasta que el recipiente esté casi lleno. (Se puede utilizar coco seco.)

Cuele la pulpa y utilícela de nuevo añadiendo otra vez agua caliente en la batidora. Cuele otra vez, y en esta ocasión eche la pulpa.

La leche de coco elaborada de esta manera se convierte en una sabrosa y nutritiva bebida, tanto para niños como para adultos, sustituyendo perfectamente a la leche animal. Se puede hacer gran cantidad de deliciosas bebidas mezclando la leche de coco con cualquier otro zumo de frutas.

LECHE DE COCO Y SÉSAMO

6 cucharadas soperas de coco rayado
6 cucharadas soperas de semillas de sésamo (ajonjolí)
Aceite de sésamo o de azafrán romí

Bata los dos ingredientes secos hasta que ya no caigan al centro. Pare la batidora y empújelos hacia el centro con un cuchillo hasta que se despeguen de los lados.

Con la batidora en marcha eche el aceite hasta que quede cubierta la pulpa (aproximadamente 6 cucharadas soperas). Licúe durante dos minutos y después añada agua caliente hasta que la mezcla alcance la dureza deseada (aproximadamente, unos 300 cc. de agua). Si se desea, se le puede añadir una cucharada sopera de sirope de arce y una pizca de sal.

Para Salsas: Comience con leche de coco o leche de coco y sésamo; añada harina de patata para endurecer y sazone con las especias deseadas. También se puede utilizar para sopas cremosas (de champiñones, apio, etc.) y para platos empanados (de patata, coliflor, etc.) Pruebe a hacer variaciones como le dicte su imaginación.

LECHE DE ALMENDRAS

Ponga medio kilo de almendras descascaradas (secas) en la batidora. Bata hasta que la masa no caiga al centro. Empuje con un cuchillo la pasta hacia el centro. Añada aceite de sésamo o de azafrán romí hasta que la pulpa quede cubierta (aproximadamente 7 cucharadas soperas). Bata durante 2 minutos más y después ponga agua caliente hasta que la mezcla adquiera la dureza deseada. Dos o tres vasos de agua serán suficientes. También se puede añadir una o dos cucharadas soperas de sirope de arce y una pizca de sal.

Así obtiene una sabrosa bebida que puede utilizar para cualquier receta de leche.

Mayonesa

Utilice como base la leche de coco y sésamo, pero un tanto espesa, cosa que conseguirá poniendo un poco menos de agua en su elaboración. Luego, añada lo siguiente:

   5 cucharadas soperas de vinagre de manzana ácida
   1 cucharada sopera de sirope de arce
   2 dientes de ajo
   1 cucharada mediana de paprika
   1 cucharada mediana de chile en polvo
   1 cucharada mediana de mostaza en polvo
   1 cucharada mediana de cúrcuma
   1/2 cucharada mediana de albahaca
   Sal al gusto

Aderezo francés

Añádale a la mayonesa un tomate grande o una taza de zumo de tomate.

Salsa blanca

   2 cucharadas soperas de margarina o aceite vegetal
   2 cucharadas soperas de harina de patata o harina de arroz integral
   Agua caliente

Mezcle la margarina en una cazuela de salsa. Agítela con la harina de patata o arroz. Sin dejar de agitar, añada el agua caliente hasta que obtenga la consistencia deseada (aproximadamente 1 taza). Sal al gusto.

Variaciones a la salsa blanca

1. Añada a la salsa blanca 1 cucharada mediana de cardamomo y otra de cilantro. Se puede aumentar la cantidad de cardamomo y de cilantro —incluso se puede doblar para potenciar el sabor.

2. Omita el agua y añada 250 cc. de salsa de tomate y media cucharada mediana de albahaca.

Aderezo para ensalada vegetal Nº 1

A partir de la mayonesa, añada más especias sin excederse, como semilla de eneldo, curry, cayena, semilla de hinojo u orégano. Un poco de adobo de eneldo y un toque dulce se le puede añadir para darle el sabor de las Mil Islas.

Aderezo para ensalada vegetal Nº 2

3/4 de taza de aceite de oliva, sésamo o azafrán romí
1/2 taza de vinagre (de manzana ácida o de vino)
2 cucharadas soperas de zumo de limón o lima
3 cucharadas soperas de sirope de arce
1/2 cucharada mediana de paprika
2 cucharadas medianas de mostaza
1 cucharada mediana de albahaca
1 cucharada mediana de semillas de eneldo
1/2 cucharada mediana de cardamomo
2 dientes de ajo
2 cucharadas soperas de harina de patatas (opcional)

Mezcle el aceite y el vinagre con el sirope de arce, después añada los demás ingredientes. Ponga la harina de patata al gusto, según desee el aderezo, más espeso o más cremoso.

Se pueden utilizar otras hierbas y especias en lugar de las sugeridas para dar un toque suave y crear diversos aderezos.

Aderezo para ensalada de col nº 1

Sobre la base de mayonesa añada:

1 cucharada mediana de semillas de eneldo
4 cucharadas soperas de vinagre
1/2 cucharada mediana de semilla de hinojo

Aderezo para ensalada de col nº 2

1/4 de taza de aceite (espesado con frío)
1/4 de cuchara mediana de ajo en polvo
1/4 de cuchara mediana de jengibre
1/4 de taza de sirope de arce
1/4 de taza de vinagre de manzana ácida
Sal
El zumo de un limón entero
2 rodajas de piña
2-3 cucharadas soperas de harina de patata

Licúe todos los ingredientes de arriba excepto la harina de patata durante 5 minutos. Añada poco a poco la harina mientras siguen en marcha la batidora hasta que adquiera la consistencia deseada.

Aderezo para ensalada de frutas nº 1

Tome como base la leche de coco y sésamo, y después añada:

1/2 taza de sirope de arce
2 bananas maduras
1 taza de trozos de piña (si es posible fresca)

Para darle más sabor se puede añadir nuez moscada y canela.

Aderezo para ensalada de frutas nº 2

1/2 taza de agua
1/2 taza de sirope de arce
4 cucharadas soperas de coco –rayado o muy fino
2 cucharadas soperas de aceite de sésamo u otro bueno
1/2 taza de anacardos crudos o una banana (para espesar)
1 rodaja de piña fresca si es posible

Si lo desea puede añadir canela y nuez moscada. Licuar durante 5 minutos.

La Bendición

El pedirle a Dios que bendiga los alimentos antes de cada comida ha sido un ritual que se ha transmitido de generación en generación. Se pensó para mejorar la nutrición y para sanar mediante la elevación vibratoria de los alimentos.

Sería bueno que le pidiéramos a Dios su bendición por la adecuada selección de alimentos cuando vamos a comprar, para que sirva a nuestras necesidades físicas y espirituales.

Pídale que bendiga la preparación de los alimentos, y por la moderación al comer, así como para capacitar a nuestros organismos para que reciban lo máximo posible de lo que Dios nos proporciona tan abundantemente para nuestro uso diario.

Pídale que bendiga al animal, al pez, o al pollo que NO matamos, puesto que tenemos un sustento mejor para nuestras vidas en las cualidades de la fruta fresca, los vegetales y las semillas.

Es mejor pedirle a Dios que nos de CONOCIMIENTO, para mantener nuestros cuerpos fuertes y saludables, para que no tengamos necesidad de pedirle que nos sane de una enfermedad que nos hemos provocado nosotros mismos por no obedecer Sus sencillas leyes originales.

No le reproche a Dios las muchas dolencias y enfermedades que usted se haya generado (¡nos son «Actos de Dios»!). Mejor le pide a Dios Sus bendiciones y su perdón –y que le dé fuerza y sabiduría para aplicar correctamente el conocimiento de Sus sencillas leyes.

Capítulo II

La Reflexología: el Vita Flex

El Vita Flex se basa en un sistema completo de «controles» internos del cuerpo. Cuando se aplica de la forma correcta a los «puntos de control» adecuados, se libera una vibración de energía sanadora que cura, alivia el dolor y elimina los síntomas así como las causas de la enfermedad. Este sistema reflejo de controles alcanza tanto al cuerpo como a la mente, liberando toda clase de tensiones, congestiones y desajustes.

El planteamiento básico nos dice que tenemos un sistema nervioso, un sistema circulatorio y una estructura ósea. Sin embargo, supervisando y controlando todos los sistemas (y la mente) se encuentra el sistema reflejo, normalmente no reconocido por la medicina ortodoxa. Este sistema se llega a extender incluso hasta el campo psíquico, y mueve la fuerza vital o energía de curación de tal manera que es capaz de provocar correcciones rápidas de enfermedades con una efectividad que ningún otro método es capaz de igualar.

Existen ciertas similitudes entre el Vita Flex y el antiguo arte de la Acupuntura. Se le ha conocido y utilizado en muchos lugares de la India y extremo oriente como Acupresión; en este sistema, en lugar de la inserción de agujas, se aplica la presión del dedo. El sistema Vita Flex trabaja de manera parecida a como lo hace un ordenador, aunque de forma más eficiente y precisa. Viene a ser algo así como la inteligencia Divina que mora en nuestro interior, que trabaja automáticamente, en un estado de alerta permanente, haciendo reparaciones, correcciones y cambios constantes, creciendo, y eliminando lo viejo para reconstruir con nuevos materiales.

Este ordenador funciona automáticamente para cubrir todas nuestras necesidades, si nosotros, por nuestra parte, cooperamos con él alimentándonos y viviendo de la mejor manera posible en consonancia con las sencillas leyes naturales de la vida. Cada vez que le llevamos la contraria a estas leyes naturales, el ordenador intentará corregir o reequilibrar la situación.

Cuando una mujer se queda embarazada y comienza a formarse el bebé, no da instrucciones conscientes sobre dónde se han de colocar los ojos o cómo han de hacerse, o dónde situar los miembros, etc. La mujer sigue sencillamente con su vida normal, y la inteligencia Divina interna diseña y construye automáticamente el cuerpo de un especimen perfecto.

Esto no significa que ella puede ignorar su parte en el proceso. Debe de alimentarse de forma adecuada y vivir en consonancia con determinadas y bien definidas leyes naturales. Incluso entonces, el sistema automático suele compensar cualquier negligencia por parte de la madre. Si no aporta los nutrientes necesarios en su propia alimentación, o si ingiere alimentos tóxicos o bebe alcohol, el ordenador, la inteligencia Divina, tomará material de la madre en muchos casos para nutrir al bebé. Limpie el organismo para proteger al bebé, o de lo contrario, si existen deficiencias extremas o muchas toxinas, el bebé puede nacer con algún tipo de deformidad. Tenemos que hacer todo lo posible para que este ordenador automático pueda suplir todas las necesidades y funcionar con la máxima eficacia.

Para ayudar un poco más a este ordenador con el fin de que funcione normalmente, se nos han dado unos puntos (llaves o botones) de control por todo el cuerpo. Esto es el Vita Flex –un sistema completo de controles. Cada vez que se presionan los puntos de control se dispara una chispa eléctrica de energía que va directamente a un lugar exacto. Cuando alcanza este lugar se generan los cambios necesarios de forma automática.

La totalidad de este sistema de activación sólo se puede encontrar en el método que desarrollé a lo largo de muchos años de investigación y experimentación, y que presento aquí con el nombre de Vita Flex. Lo único que se necesita para trabajar con él son los dedos. Funciona de forma más rápida y completa que aquellos sistemas que emplean agujas. Dado que hay muchas personas que ponen objeciones a que se les inserten agujas por distintas partes del cuerpo, el Vita Flex está siendo mejor aceptado que la acupuntura por el público en general. Y por otra parte, lleva mucho más tiempo colocar correctamente determinada cantidad de agujas. El método del Vita Flex se realiza con rapidez, y es capaz de afectar a todo el organismo de una manera precisa, efectiva y rápida. Se obtienen resultados en mucho menos tiempo del que requieren otros sistemas, por lo que también su coste es bastante inferior.

En el Vita Flex existen más de cinco mil puntos de control, que contrastan con los trescientos sesenta y cinco puntos que se enseñan habitualmente en la acupuntura. Con el Vita Flex nunca se tratan las partes afectadas directamente, sino a través de sus puntos reflejos, con lo que no se provoca un dolor adicional en la zona dañada.

Muchos años de investigación me han llevado a descubrir que este sistema se originó, según parece, en el Tibet, hace miles de años, mucho antes de que se descubriera la acupuntura.

Para mí ha resultado un inmenso placer el darle nueva vida a este antiguo arte, un arte con el que se puede llevar la salud de la forma más sencilla y efectiva. Es un tipo de sanación que no tiene en absoluto efectos secundarios peligrosos o destructivos. Tan sólo se da una curación positiva y directa en cada ocasión.

Este sistema no precisa de largas y costosas pruebas, diagnósticos y observaciones. Las muchas horas y días de tediosas y a menudo dolorosas manipulaciones se hacen completamente innecesarias, pues este método funciona en pocos minutos. Una amplia variedad de trastornos desaparecen mucho antes de que cualquier forma de diagnóstico pueda determinar el nombre de la enfermedad, e incluso, en la mayor parte de los casos, los rayos X dejan de ser necesarios.

Quizás, uno de los más valiosos logros de este sistema sea su ínfimo coste. Los gastos de la atención médica ortodoxa han crecido desproporcionadamente, complicando globalmente un procedimiento arcaico, y poniéndolo fuera del alcance de muchos pacientes.

Vita Flex significa, sencillamente, vitalidad a tra-

vés de los reflejos. **Es un sistema de controles completo, científico y manejable que libera la ilimitada energía sanadora interna del ser humano.**

Se aplica sobre distintos puntos clave del cuerpo mediante presión con el dedo y un ligero balanceo de la muñeca. El balanceo incrementa el efecto de palanca y presión sobre los puntos de contacto, de forma similar a la acción de una llave de tubo. Cuanto más balancee la presa, más eficaz se hace. A medida que continúa el balanceo el dedo se curva completamente, con lo que la presión correcta se realiza ciertamente con la parte final del dedo, que es la que hace el contacto. Durante todo el tiempo, la mano permanece firme, sin deslizarse, sobre el pie, la mano u otra parte del cuerpo del paciente. La presión final no llega a hacerse opresiva. La presión no se sostiene nunca, sino que se libera inmediatamente y se repite desde el principio. Esto se puede hacer varias veces en el mismo lugar, en función de lo que se requiera para obtener los resultados apetecidos.

Dado que este sistema actúa con suma rapidez, nunca habrá que permanecer demasiado tiempo sobre cualquiera de los puntos, evitando así irritaciones innecesarias. No friccione sobre ningún punto, puesto que esta fricción puede dañar mucho los tejidos. Debido a que no estamos intentando disolver cristales, utilizamos la técnica de la llave de tubo –presionar y aflojar. Cuando movemos las manos a otros lugares, éstas se mueven lenta y rítmicamente, sin sacudidas ni hurgonazos. En ningún momento dé tirones al realizar un trabajo reflejo, ya que puede hacerle daño al paciente. La presión se aplica con uno de los dos primeros dedos y en ocasiones con el pulgar, y se debe de hacer específicamente sobre el punto exacto. Hay que sacudir los dedos de cuando en cuando conforme comienzan a cansarse. Las uñas deben de estar cortadas al máximo posible, así como limadas.

Desde el mismo punto de control se disparan muchas descargas reflejas a otras muchas zonas, así como al lugar designado. Lo iremos explicando poco a poco a medida que lleguemos a estos puntos.

El efecto de este avanzado método es instantáneo, haciendo innecesaria la aplicación de un prolongado y demoledor masaje que podría dañar los tejidos. La presión sobre los puntos reflejos de todo el cuerpo se puede llevar a término en un período de tiempo relativamente corto. No hace falta que el paciente se quite la ropa, salvo el calzado. Los calcetines se pueden dejar puestos. El trabajo global es tan sencillo que se puede poner en práctica en cualquier momento y en cualquier lugar.

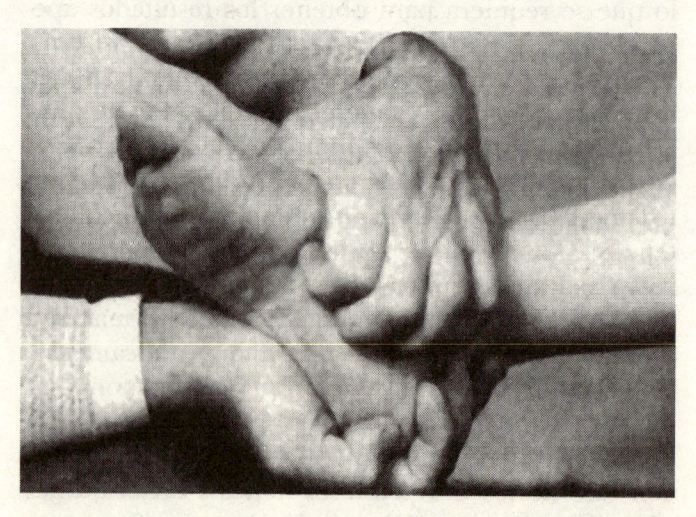

FIGURA 1. Obsérvese la curvatura que toma el primer dedo

Las posibilidades que este sistema brinda a la mente son ilimitadas. En el campo de los Primeros Auxilios no existe nada que se pueda comparar con él. Los monitores Scouts pueden aliviar así dolores de todo tipo, en luxaciones, dislocaciones, torceduras, calambres, fiebre e indigestión, así como otros muchos trastornos. Y lo que aplican los monitores Scouts también puede aplicarlo usted en cualquier emergencia.

Ninguna pieza de ingeniería hecha por el hombre, no importa lo maravillosa que sea, se puede comparar con el mecanismo que puso el Creador en este increíble cuerpo nuestro. Cuando nos dio el cuerpo, nos dio a la vez todo un sistema de controles que hacen posible el mantenimiento del organismo en perfecto estado de funcionamiento, si no hacemos más que seguir las reglas. **Enfermamos en la medida en que ignoramos estas reglas.**

Desde el principio de su existencia, el hombre, a sabiendas o no, ha venido utilizando este sistema de alivio del dolor. El hombre primitivo, que vivía inmerso en la Naturaleza, caminaba o corría de un lado a otro descalzo o con una fina cubierta en las plantas de los pies. Así, al caminar sobre palos o piedras, presionaba los puntos de control y estimulaba automáticamente los diferentes reflejos. El hombre moderno puede ahora utilizar toda esta disposición de controles reflejos que cubren nuestros cuerpos para dar alivio inmediato. La estimulación se aplica desde el exterior, pero recuerde: el proceso curativo tiene lugar en el interior.

Existen siete puntos o más de control para cada zona afectada. Estos puntos se pueden utilizar tan a menudo como se desee y en la medida en que la piel o la carne no resulten dañadas. Se pueden activar varias veces al día, según las necesidades, para hacer desaparecer dolores y para alentar al cuerpo a que se cure a sí mismo.

El sistema reflejo estimula o deprime sólo hasta que se consigue la normalidad. No tiene efectos secundarios peligrosos.

Las cuatro dimensiones del Vita Flex

Con el Vita Flex trabajamos a través de cuatro dimensiones, tres de las cuales son dimensiones literales, geográficas. Una dimensión va de arriba a abajo (desde la cabeza hasta las puntas de los pies y viceversa), otra cruza a lo ancho (de lado a lado), y la tercera cruza en profundidad (desde la parte frontal a la espalda y viceversa). Cada una de estas dimensiones actúa de forma independiente, si bien las cuatro trabajan juntas para completar la acción.

Primera dimensión

Mientras mira las plantas de los pies, imagínelas como si representaran el cuerpo humano desde las caderas hacia arriba. La parte externa de los pies representa la parte externa del cuerpo. Por ejemplo: los reflejos de la parte externa del pie derecho afectan al lado derecho externo del cuerpo y de la cabeza. Los reflejos de la parte externa del pie izquierdo afectan al lado izquierdo externo del cuerpo y la cabeza. La parte interna de los pies representa a la espina dorsal y el centro del cuerpo, mientras que los talones representan las caderas y las puntas de los pies representan la cabeza. Todo lo que acabamos de decir también se aplica a las manos. Así, en miniatura, los pies y las manos forman una representación de todo el cuerpo.

Hay muchos puntos de control entre la cabeza y los pies que también discurren de arriba a abajo. Un tobillo dislocado o herido encontrará alivio al trabajarse la parte correspondiente de la muñeca del mismo lado. En la planta del pie también hay un lugar para el tobillo (del mismo lado). Cuando existe un problema en la muñeca, trabaje sobre la parte correspondiente del tobillo del mismo lado. La palma de las manos también se utiliza para la muñeca. Los calambres y dolores en la pantorrilla se alivian trabajando sobre el antebrazo. Para los dolores en el brazo, trabaje la misma zona de las piernas en el mismo lado. Lo mismo cabe decir de los codos y las rodillas, y del resto de piernas y brazos. Para pies doloridos, opere sobre la parte correspondiente de la mano del mismo lado. Sin embargo, hay una excepción a este principio. Para un dolor en una mano, vaya a los reflejos que hay justo encima del codo, tanto en la parte frontal como en la trasera. Los reflejos que se encuentran justo debajo del codo van a la parte superior del brazo y al hombro. Los reflejos que hay justo encima de la rodilla se van hacia abajo, hasta los pies y los tobillos. Los reflejos que hay directamente debajo de las rodillas van a la parte superior de las piernas y a las caderas.

Segunda dimensión

La segunda dimensión cruza de lado a lado. La mitad de cada lado es un reflejo completo del lado opuesto correspondiente. Por ejemplo: el dolor de un tobillo se puede aliviar con los reflejos del tobillo opuesto. Una rodilla alivia el dolor de la otra. Lo mismo con las piernas, caderas, espalda, hombros, brazos, manos y cabeza.

Tercera dimensión

La tercera dimensión cubre la totalidad del cuerpo, desde la parte frontal a la trasera y viceversa. Por ejemplo: las jaquecas en la parte frontal de la cabeza se pueden aliviar trabajando sobre los puntos reflejos de la parte de detrás de la cabeza y viceversa. Los dolores en la parte frontal del cuerpo se alivian yendo al lugar exacto correspondiente en la espalda. Y lo mismo para los dolores en la espalda.

Cuarta dimensión

No hay sino un cuerpo y un espíritu. Todos somos una extensión o expresión de la Divinidad. Todos estamos conectados con hilos que sólo son visibles mediante la visión espiritual. Lo que afecta a uno, le afecta a todo el mundo y a toda la humanidad. Lo que nos hacemos a nosotros mismos, se lo hacemos a los demás. Lo que le hacemos a los demás, nos lo hacemos a nosotros mismos.

Existen cuatro métodos a través de los cuales opera la sanación con los demás. El primer método es operar a través del sistema de Vita Flex sobre uno mismo. La parte del cuerpo afectada se puede aliviar o sanar a través del duplicado correspondiente sobre el que se está operando. Por ejemplo: una persona puede tener dolorida la cadera. El operador trabaja **sobre su propia cadera** con el principio de Vita Flex y mientras lo hace se visualiza a sí mismo trabajando sobre la persona en cuestión. Mientras el operador hace esto, la corrección está teniendo lugar en la otra persona. El segundo método opera a través del trabajo con otra persona (una tercera), mientras se visualiza a la persona que tiene el dolor. El tercer método opera imaginando mentalmente la zona afectada de la persona. Usted se visualiza a sí mismo trabajando sobre la zona o zonas enfermas. El cuarto método se realiza trabajando mentalmente sobre la mente de la persona; visualice cómo la propia mente de la persona hace directamente la sanación. Todo esto funciona según una ley automática que podemos utilizar según necesitemos, con el fin de elevar a la humanidad hasta su legítima herencia de perfección en la salud.

Cuando usted trabaje con conocimiento sobre estas leyes, ellas trabajarán para usted, siempre y cuando su deseo de curar sea sincero y completamente honesto. No utilice ninguno de estos poderes simplemente con fines experimentales o para entretenerse. Son nada más para los que se dedican en cuerpo y alma al campo de la sanación avanzada.

Las fuerzas sanadoras de la cuarta dimensión funcionan tanto si la persona está en la misma habitación como si está a miles de kilómetros de distancia. La distancia no es un obstáculo. Estas fuerzas sanadoras operan sin tener en cuenta el concepto ordinario del tiempo. El operador puede proyectar su energía curativa a cualquier persona en cualquier momento, y dirigirla mentalmente para que actúe en otro momento u otro día, y así funcionará, actuando sólo en ese momento.

Estas fuerzas de sanación se pueden dirigir a una

persona o a un grupo de personas, tal como desee el operador; y cada persona en el grupo de individuos recibirá la misma cantidad de energía curativa.

Por favor, no intente aplicar ninguno de los métodos de la cuarta dimensión por sí mismos hasta que las otras tres dimensiones hayan sido comprendidas por completo. Aún estando experimentado, no use la cuarta dimensión a menos que sea un caso de extrema necesidad. **Opere con todas la dimensiones para conseguir los mejores resultados**.

La totalidad del sistema funciona tanto si se cree en ello como si no. Funciona por métodos científicos, no por la fe. A los escépticos también se les puede curar. Sin embargo, la creencia y la fe ofrecen una vibración más elevada, con lo que se consigue una acción más rápida.

El verdadero secreto del arte de sanar es comprender que todo tiene su propio ritmo vibratorio. Las distintas formas de enfermedad tienen su propio ritmo –así, nos da la impresión de que existe una gran variedad de enfermedades. Estas vibraciones son de diferentes niveles, pero todas ellas tienen un ritmo inferior al de la salud.

Al utilizar las cuatro dimensiones en los campos físico, mental y espiritual, nuestras vibraciones se elevan hasta niveles muy altos y la salud reemplaza a la enfermedad. El cambio vibratorio se constituye en una alternativa para los múltiples errores de las pruebas, el diagnóstico, la medicación, las operaciones y los desorbitados costes de un sistema arcaico y destructivo. La liberación absoluta de todas las enfermedades es una realidad que puede llegar a hacerse patente ante nuestros ojos.

Los reflejos espinales

Todos los trastornos de la espina dorsal se pueden corregir mediante el sistema reflejo. Aplicando Vita Flex a los pies y a las manos, es posible reajustar toda la columna hasta su posición correcta. En las figuras 4 y 2 observará que, en la mano, los reflejos de la espina dorsal se concentran en una zona de unos 2.5 centímetros. El reflejo más cercano al pulgar es el correspondiente a la vértebra atlas, en la parte superior de la columna, mientras que el reflejo más cercano a la muñeca es el de la rabadilla. Cualquier dolor en cualquier parte de la columna se puede aliviar aplicando la acción refleja sobre el punto correspondiente. Lo mismo ocurre con los pies. En el borde interno del arco, junto a la unión con el juanete, se encuentran los reflejos de la parte superior de la columna, y en el extremo opuesto del arco se encuentra la rabadilla. (Figura 5). La mano y el pie

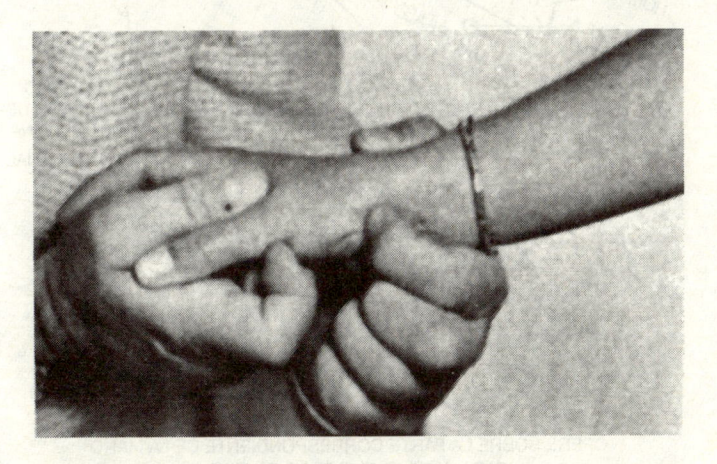

FIGURA 4. Reflejos de la columna

FIGURA 2. Los reflejos de la mano

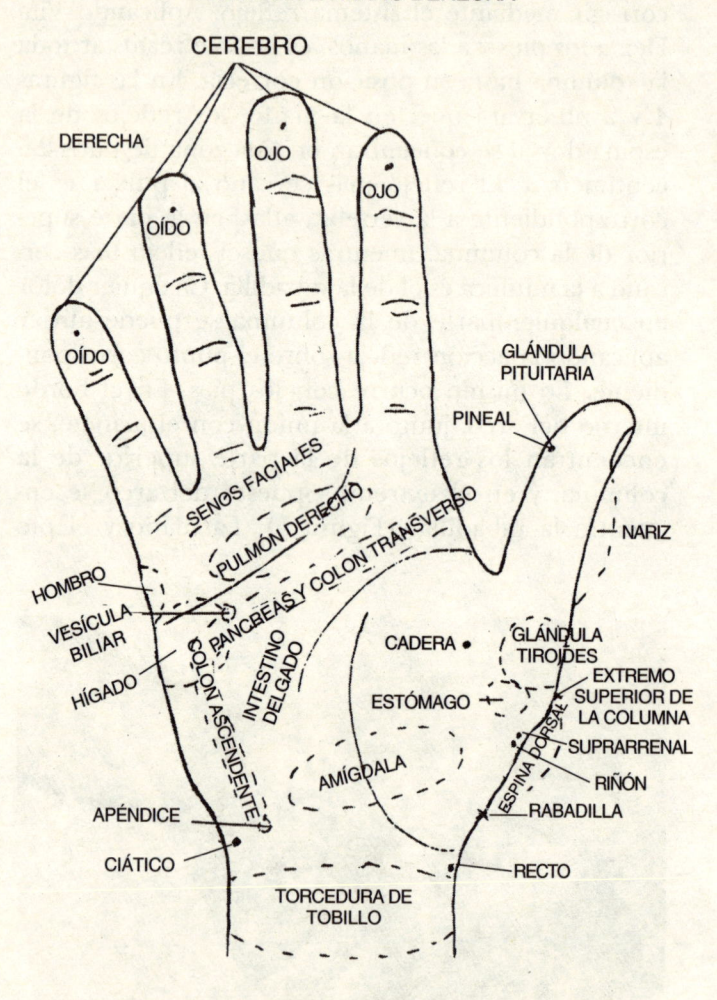

PALMA DE LA MANO IZQUIERDA

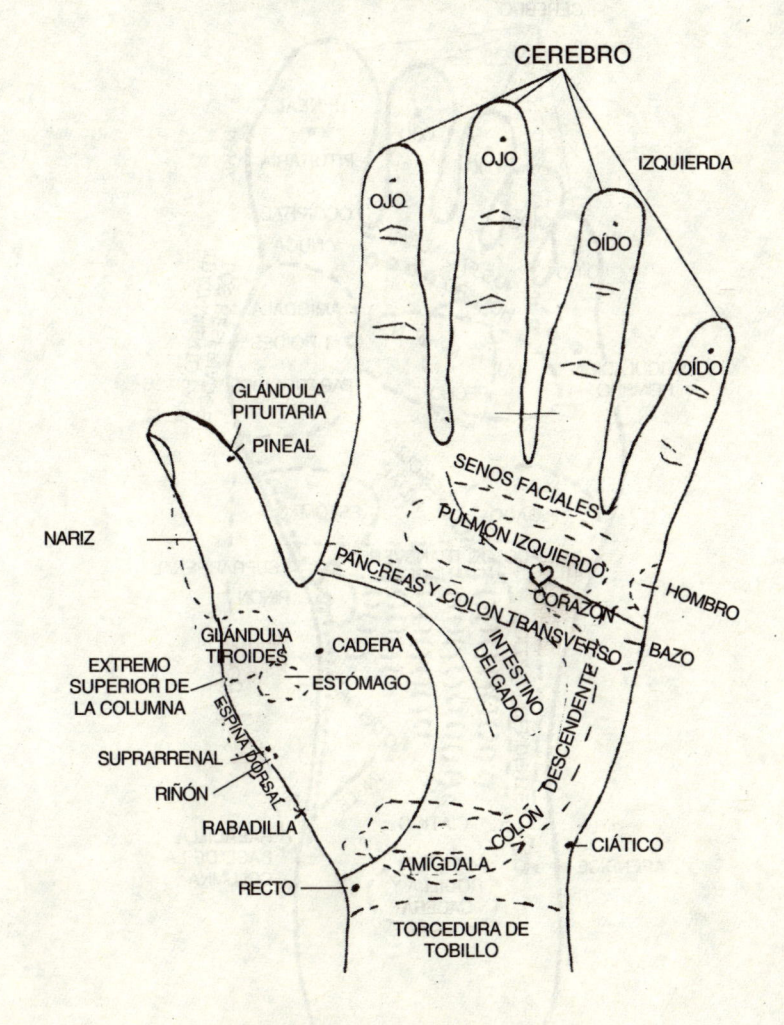

OPERE SOBRE LA PARTE CORRESPONDIENTE DE LA MANO
PARA ALIVIAR EL DOLOR EN EL PIE

FIGURA 3. Todos los reflejos de los pies

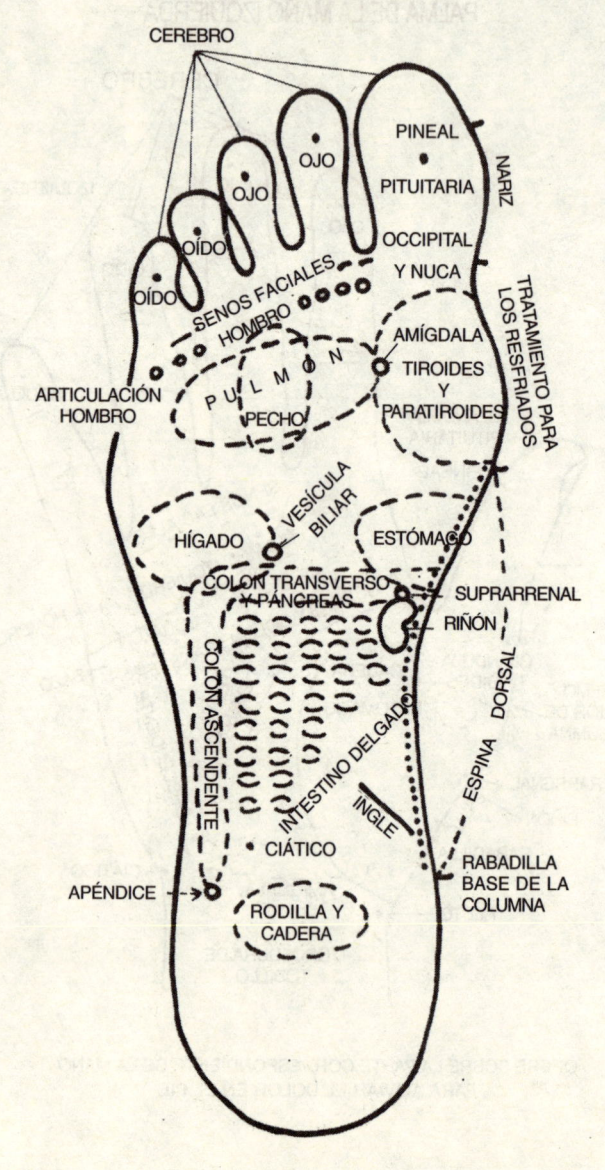

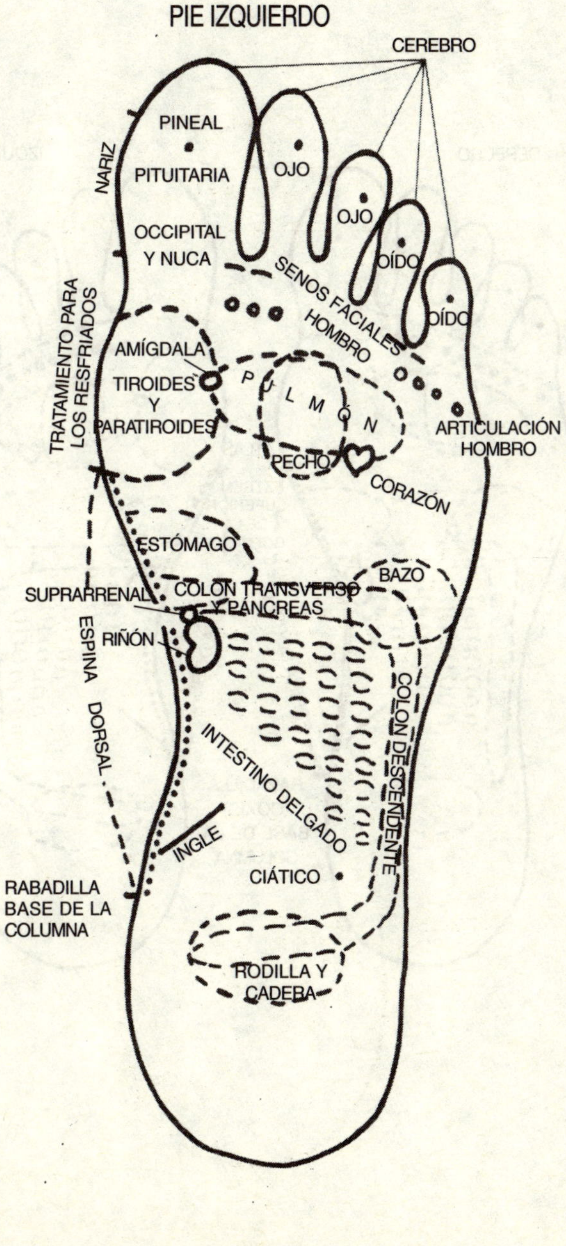
PIE IZQUIERDO
CEREBRO
PINEAL
NARIZ
PITUITARIA
OJO
OJO
OCCIPITAL
Y NUCA
OÍDO
OÍDO
SENOS FACIALES
HOMBRO
TRATAMIENTO PARA
LOS RESFRIADOS
AMÍGDALA
TIROIDES
Y
PARATIROIDES
P U L M O N
ARTICULACIÓN
HOMBRO
PECHO
CORAZÓN
ESTÓMAGO
BAZO
SUPRARRENAL
COLON TRANSVERSO
Y PÁNCREAS
ESPINA
DORSAL
RIÑÓN
COLON DESCENDENTE
INTESTINO DELGADO
INGLE
CIÁTICO
RABADILLA
BASE DE LA
COLUMNA
RODILLA Y
CADERA

FIGURA 5. Reflejos de la espina dorsal

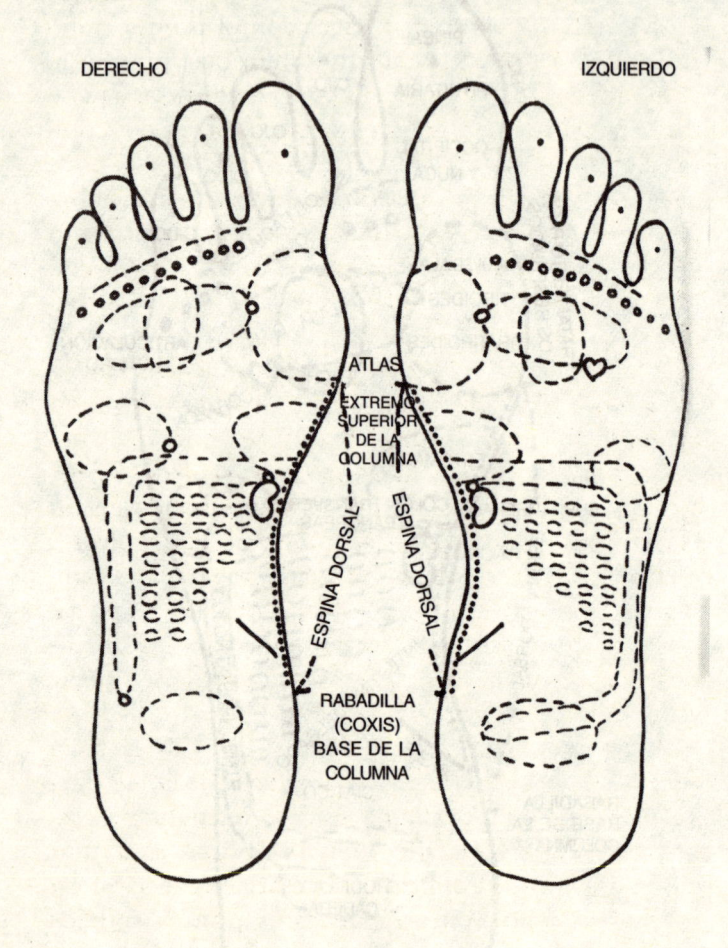

derechos controlan el lado derecho de la columna, mientras que la mano y el pie izquierdos controlan el lado izquierdo de la columna.

Las correcciones del hueso de la rabadilla (el coxis) y el atlas se suelen hacer con el primer tratamiento. Los músculos tensos y doloridos, junto a la columna, se relajan y se aflojan. Las diversas curvaturas responden rápidamente para corregirse completamente.

Antes, un disco pinzado o quebrado no había forma de corregirlo. La manipulación directa o el masaje podían provocar peligrosos daños. Con el Vita Flex se pueden hacer estas rectificaciones de forma indolora en unos siete días de tratamiento diario.

Con una regla se puede dar una sencilla explicación sobre el proceso de ajuste. Centre la regla en la punta del dedo índice. Ésta representará el fiel del soporte o apoyo, mientras que el dedo representará la columna. Si se coloca una moneda en un extremo de la regla, se desequilibrará. Para volver a equilibrarla, se debe de mover la regla para cambiar el punto de apoyo. La naturaleza no tolera jamás un desequilibrio, de manera que, automáticamente, se provocan cambios cuando tienen lugar estos desequilibrios.

Dado que el Vita Flex opera a través de la zona refleja, en vez de sobre la zona afectada, no se puede provocar ningún daño. Aquí se encuentra el secreto del Vita Flex, una ciencia de una exactitud automática que produce la necesaria corrección en todo el cuerpo. A través de estos puntos reflejos contactamos con el poder controlador de la espina dorsal.

El colon (estreñimiento)
(FIGURA 6)

Cuando la materia de desechos pasa del intestino delgado al colon, el apéndice segrega un lubricante que facilita la eliminación. El apéndice es sumamente necesario en nuestro proceso de eliminación, y no debería de extirparse. Cualquier congestión que se deposite en él puede ser disuelta sin tener que quitarlo. El tratamiento completo para que se dé la eliminación se inicia con la activación de la acción peristáltica, actuando sobre la zona del apéndice en el pie derecho. Comience la acción refleja en este punto. Desde ahí, continúe hacia arriba por la zona lateral del pie hasta el hígado. De esta forma activamos el colon ascendente. Desde el hígado, continúe transversalmente cruzando el pie derecho, **y ya en el pie izquierdo**, crúcelo hasta llegar al bazo. Trabaje con ambas manos, por uno y otro lado, sobre la zona que abarca el colon transverso y el páncreas. Desde el bazo continúe hacia abajo por la zona lateral del pie izquierdo. Esto es el colon descendente. Cuando llegue al talón, opere a través del pie sobre el reflejo del coxis. Así finaliza el circuito del colon.

Los reflejos que existen a todo lo largo de la parte interior de ambas espinillas alivian el gas y la congestión del colon. Ejerza la presión por debajo del hueso. (Figura 6)

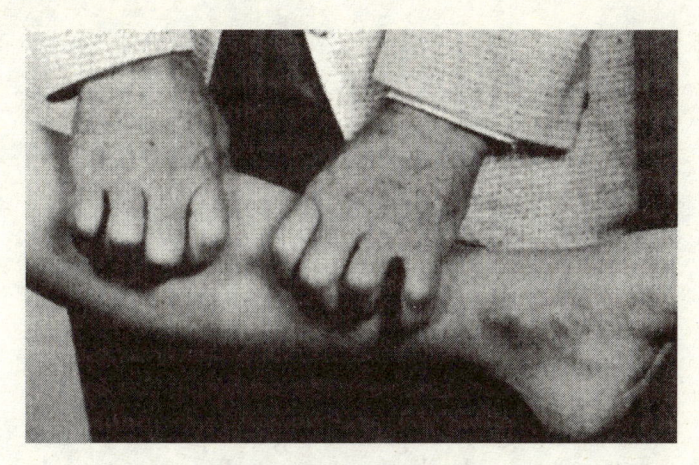

FIGURA 6. Reflejos del colon

Me opongo firmemente a los enemas y lavativas debido a que pueden hacer muchos desastres. Sólo en casos de extrema urgencia se puede acceder a su aplicación. Después de que la emergencia haya pasado, se le puede ayudar a la Naturaleza para la normalización del proceso eliminativo. Un té suave de hierbas laxantes es lo mejor para ayudar temporalmente. Un buen programa de ejercicios o la práctica del Yoga es, con diferencia, lo mejor.

El trabajo sobre los puntos reflejos de todas las partes del colon, el hígado, el páncreas y el bazo, estimula y activa las secreciones naturales de insulina para conseguir una corrección permanente de la diabetes. Claro está que no se debe de olvidar que debe de ir acompañado por una correcta alimentación, tal como se da en el capítulo anterior.

El estómago
(Figuras 7, 8, 9 y 10)

El origen de todas las enfermedades se encuentra en las toxinas que generan la congestión, la cual, a su vez, bloquea las funciones naturales del organismo. Estas toxinas impiden o entorpecen el funcionamiento de los controles automáticos. Si el cuerpo no tiene el material adecuado con el cual trabajar, no podrá reconstruir de manera efectiva o expulsar con la suficiente rapidez la materia de desechos.

El estómago es el primer órgano que sufre nuestros errores en la dieta, y en muchas ocasiones lo hace con la aguda dolencia que conocemos por el nombre de úlcera. Las úlceras no están provocadas por los nervios, sino por una dieta incorrecta y deficiente. Las paredes del estómago están revestidas de sodio, que es el que las protege de ser digeridas por los jugos gástricos. Los alimentos cárnicos atraen el sodio, de manera que, cuando ingerimos este tipo de alimentos, extraen el sodio de las paredes del estómago y se envuelven en él, haciéndose difícilmente digeribles. Luego, deben ser descompuestos en los intestinos. (La forma menos nociva de comer carne es tragársela a trozos, como lo hacen los perros, con lo que queda menos superficie de carne que pueda atraer sodio.) Con el uso abusivo de carnes, especialmente si no va acompañado de una alimentación con altos contenidos en sodio, uno puede llegar a perder la capa protectora del estómago. En este estado, el estómago comienza a digerirse a sí mismo con el resultado final conocido como úlcera.

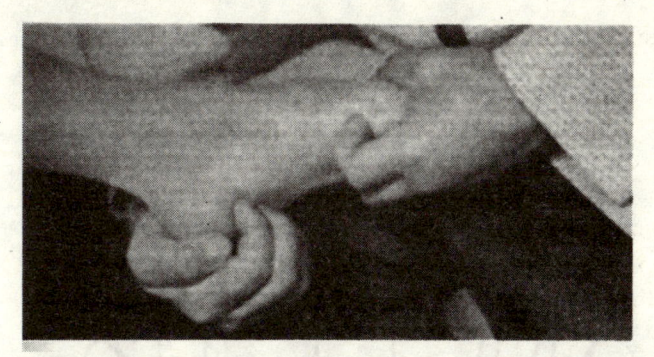

FIGURA 7. La mano izquierda muestra los puntos reflejos del estómago

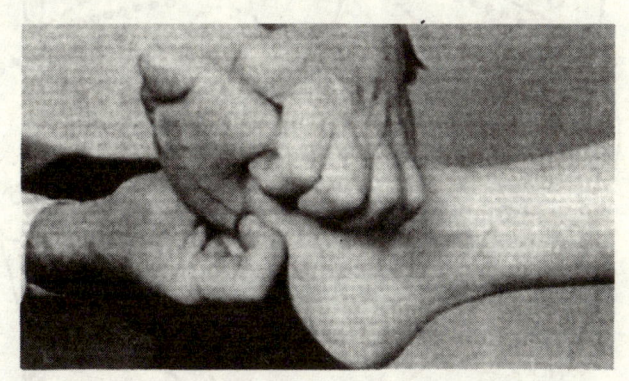

FIGURA 8. Hígado y estómago

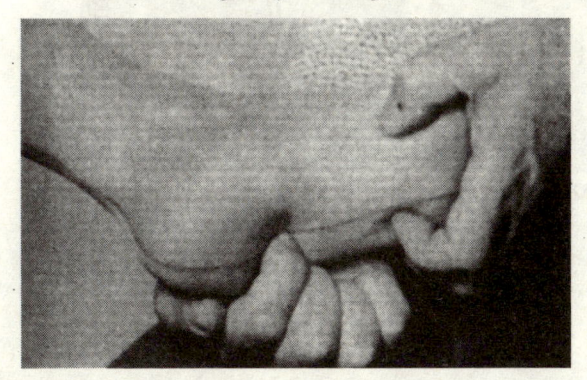

FIGURA 9. Estómago, bazo y ciático

FIGURA 10. Puntos reflejos de los órganos digestivos y eliminadores

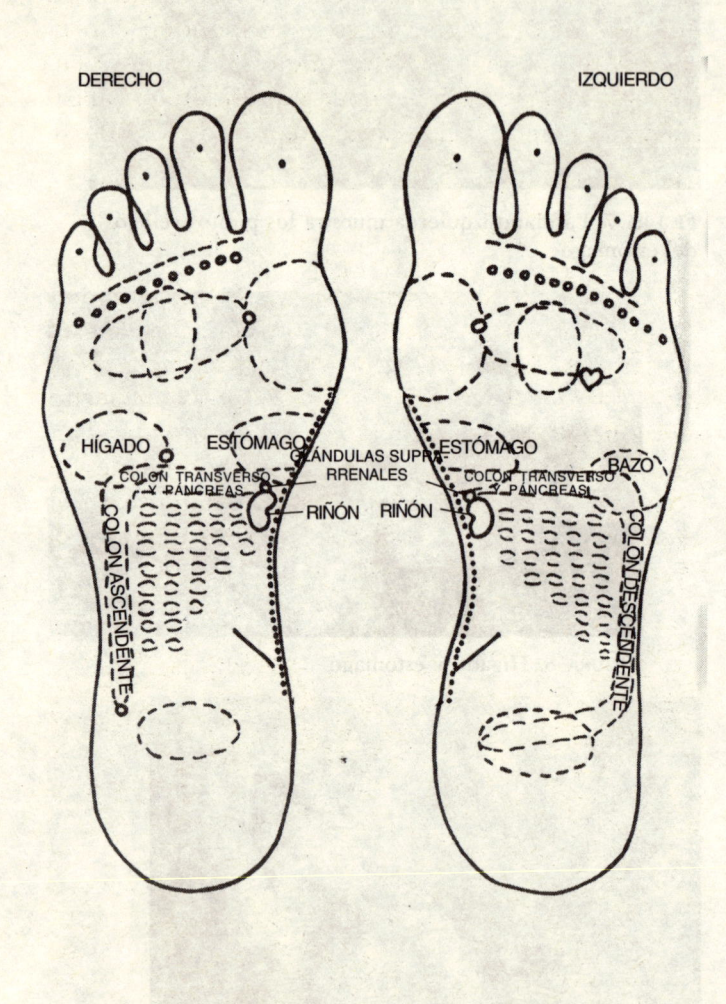

Los puntos reflejos del estómago se encuentran justo debajo de la juntura del juanete en la planta de cada pie. Los puntos reflejos del pie derecho se corresponden con la salida del estómago, mientras que los del pie izquierdo se corresponden con la entrada. Otros puntos reflejos de éste órgano se encuentran debajo de la segunda juntura de los pulgares de las manos y en la parte superior de los brazos.

Órganos prolapsados

Las dietas tóxicas y desvitalizadas de nuestra moderna civilización, unidas a la falta de ejercicios de estiramiento y fortalecimiento –y a la presencia constante y lógica de la gravedad terrestre–, han hecho que muchas personas padezcan serios prolapsos en sus órganos internos. Los órganos abdominales se deslizan simplemente hacia abajo, apilándose en el fondo de la cavidad abdominal y restringiendo el campo para el suministro de sangre.

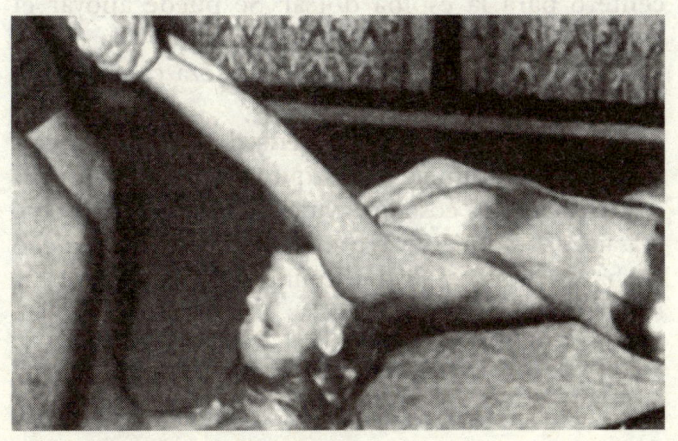

FIGURA 11. Órganos prolapsados

En el colon se forman gran cantidad de pequeñas bolsas que, con los alimentos desvitalizados ingeridos, se llenan de desechos endurecidos que generan gases y estreñimiento. Aunque una persona comience a ingerir alimentos sanos, sin unos ejercicios musculares tonificantes o algún otro método que devuelva los órganos a su posición original, sus nutrientes no podrán reconstruir el organismo.

Si observa los diagramas de los pies, páginas 103 y 104, comprobará que el colon transverso en su posición correcta se extiende a lo ancho del abdomen justo por debajo de la línea de la cintura. Cuando el colon se prolapsa, se curva hacia abajo en diversas posiciones.

Para hacer las debidas correcciones en este estado es necesario tener una tabla inclinada con una cinta en la parte más elevada para sujetar los pies.

La persona a tratar debe de tumbarse de espaldas sobre la tabla inclinada, con la cabeza hacia abajo y los pies sujetos a la cinta. Estire los brazos por encima de la cabeza —esto resultará relajante y placentero para la espina dorsal. Se puede apoyar el estiramiento agarrando por las muñecas a la persona y estirando, dejando caer la cabeza como muestra la figura 11. (Figura 12)

La persona que asiste debería de comprobar con suavidad las distintas zonas que van desde el hueso pélvico hasta las costillas, para después, poco a poco, masajear como si estuviese amasando pan. Esto se debe de hacer durante 10 o 15 minutos para disolver las congestiones y las adherencias. (Figura 13 y 14)

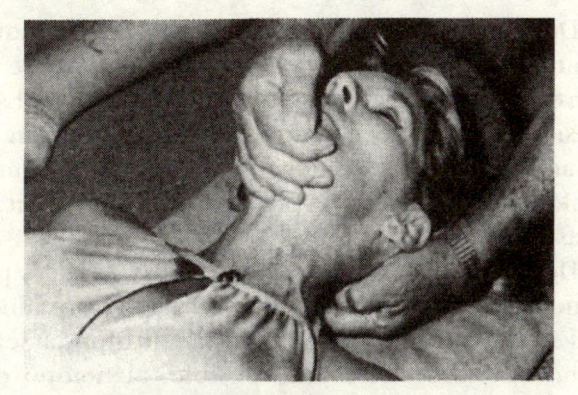

FIGURA 12. Órganos prolapsados

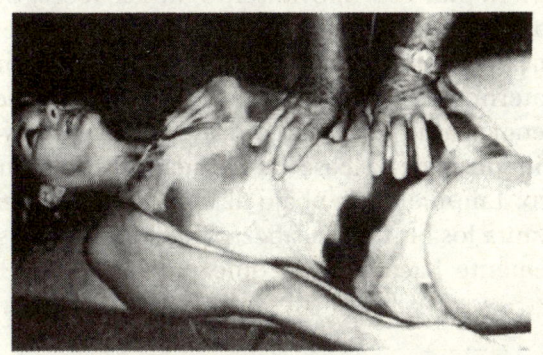

FIGURA 13. Órganos prolapsados

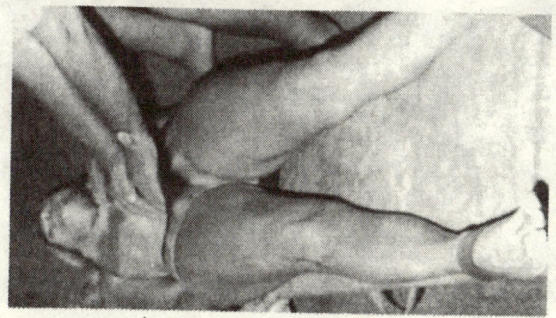

FIGURA 14. Órganos prolapsados

De cuando en cuando, si se perciben tensiones o bultos en la zona, se debería de operar sobre los correspondientes puntos reflejos de los pies. Estas tensiones, bultos o congestiones desaparecerán rápidamente. Luego, se debería de continuar con la exploración y el masaje por toda la zona pélvica e intestinal.

Después, comenzando por el hueso pélvico, presione hacia abajo con los pulgares y las prominencias de la base de las manos, tan profundamente como sea razonablemente posible, al tiempo que ejerce presión hacia arriba, hacia las costillas. (Figura 15). Repita este movimiento varias veces, acercándose cada vez más a las costillas. Esta serie de empujes con presión elevan gradualmente los órganos internos hasta su posición original. Para que se mantengan ahí, vuelva a colocar los pulgares y las prominencias de la base de las manos en el hueso pélvico. Empuje hacia abajo al tiempo que la persona levanta los brazos, la cabeza y los hombros lo suficientemente hacia arriba como para hacer que los

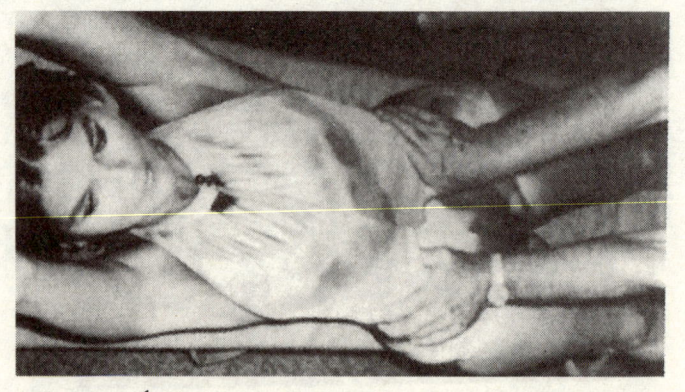

FIGURA 15. Órganos prolapsados

músculos del abdomen empujen los pulgares y las manos también hacia arriba. (Nº 16 y 17). Haga esto 7 u 8 veces. Ahora, repita el mismo ejercicio, pero esta vez haga que la persona eleve lentamente los pies hasta que se encuentren perpendiculares al cuerpo, sin doblar las rodillas. (Nº 18). Antes de que baje las piernas, haga que se relaje y que contraiga el diafragma tanto como le resulte posible, manteniéndose en esa situación mientras baja las piernas.

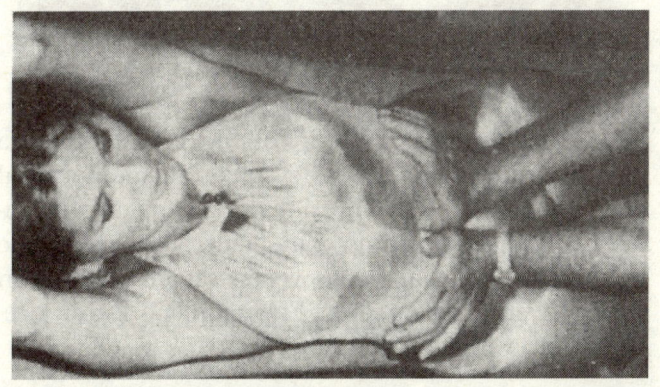

FIGURA 16. Órganos prolapsados

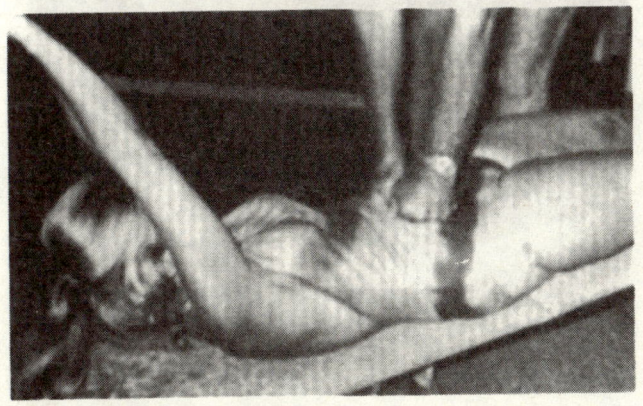

FIGURA 17. Órganos prolapsados

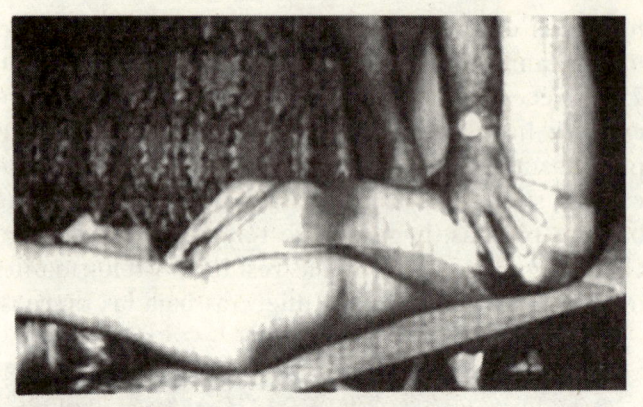

FIGURA 18. Órganos prolapsados

Para completar la elevación de los órganos, la persona que asiste debe de sujetar firmemente al paciente por la parte inferior de la espalda y levantarla lo suficiente como para hacer un arco. Se le puede subir y bajar varias veces, sacudiéndolo con suavidad en cada ocasión. Este ejercicio estira y relaja toda la espalda. (Figura 19).

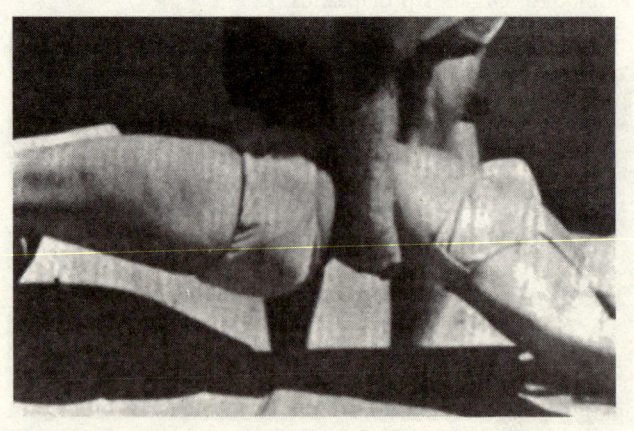

FIGURA 19. Órganos prolapsados

La sociedad actual, con su alimentación desvitalizada y la falta de ejercicio, ha llevado a una gran mayoría de gente a una situación donde se hace perentoria la elevación de los órganos abdominales para mejorar la digestión, la asimilación y la eliminación. Cuando todos los órganos están en su lugar correcto, todo funciona con más eficiencia. Las personas con falta de peso lo ganan con más rapidez, y las que tienen problemas de obesidad los vencen, cuando todas las funciones operan con normalidad. La elevación de los órganos abdominales también alivia la presión de los órganos pélvicos reduciendo los dolores menstruales y del parto.

Para mantener en su lugar los órganos, se debería de continuar con el ejercicio de elevar las piernas cada día durante al menos 15 minutos, con un saco de arena de unos 10 o 12 kilos sobre el estómago y la zona intestinal.

FIGURA 20. Puntos reflejos para la tensión arterial alta o baja

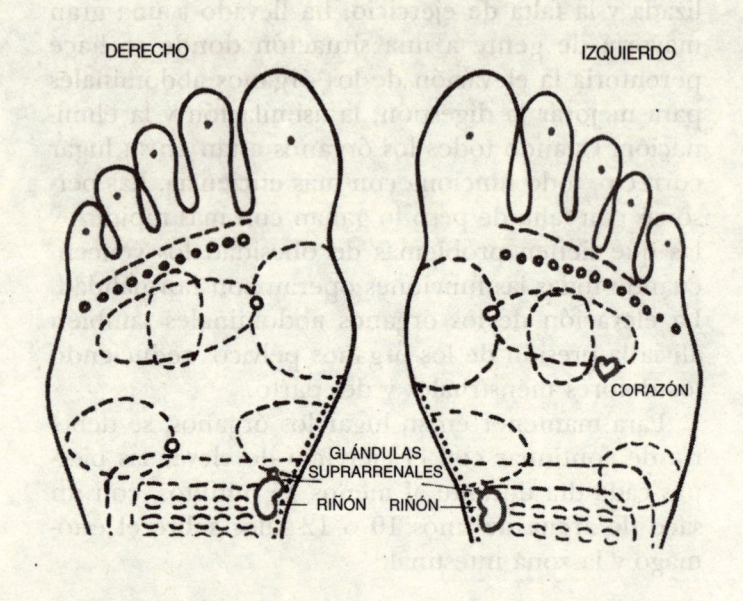

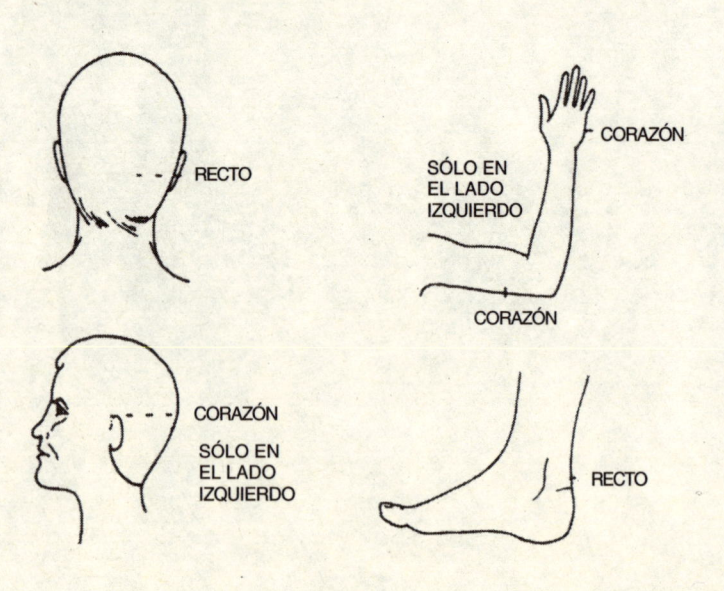

Los controles de la tensión arterial y del corazón

Existen dos tipos de tensión arterial: la Sistólica, durante la cual las cavidades del corazón se contraen y fuerzan a salir a la sangre, y la Diastólica, en la que las cavidades del corazón se expanden y se llenan de sangre. La tensión arterial normal es de 120 sobre 75 para personas de cualquier edad.

Hay cuatro puntos reflejos principales para el corazón. Para elevar o hacer descender la tensión **Sistólica** hasta su situación normal:

- El punto reflejo del corazón en el pie izquierdo ralentiza el corazón y hace el latido más fuerte. (Figura 20).

- Los puntos reflejos de la mano izquierda, y en el brazo por encima del codo, regularizan el latido cardiaco. (Figura 21). Utilice la mano derecha para trabajar sobre el punto reflejo del corazón en la mano izquierda, y utilice su mano izquierda para trabajar sobre el punto reflejo del corazón en el brazo izquierdo. Opere primero sobre el punto del corazón de la mano izquierda y luego so-

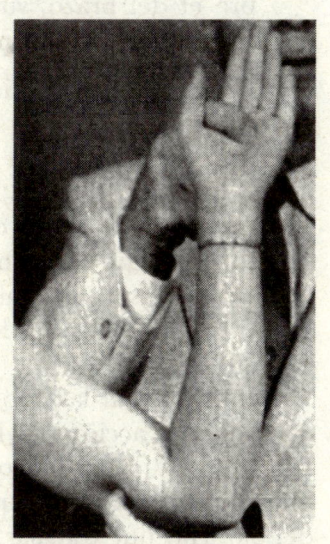

FIGURA 21. Puntos reflejos del corazón

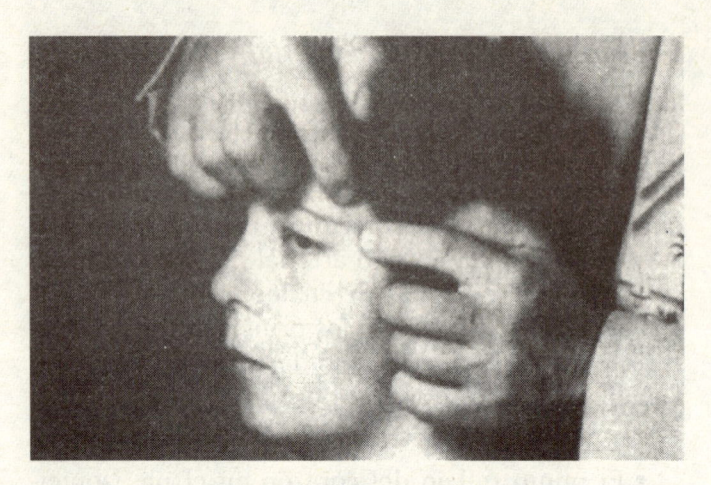

FIGURA 22. Corazón y ciático

bre el del brazo, vuelva a la mano y continúe alternando la acción.

• Cerca del ojo izquierdo está el punto reflejo que hace que el corazón lata más deprisa y con más fuerza. (Figura 22).

Para elevar o hacer descender la tensión **Diastólica**, se utilizan los puntos reflejos de los riñones, las glándulas suprarrenales y el recto. Estos puntos se encuentran tanto en los pies como en la cabeza. (Nº 20).

Para controlar las lipotimias o los ataques al corazón, inicie la acción por los puntos reflejos del corazón que hay en el brazo y la mano izquierda, después conecte el punto que hay en la cabeza, cerca del ojo. Hay que trabajar sobre todos los puntos hasta que se restablecen las condiciones normales.

Han habido muchos casos de personas que se les

ha traído de vuelta de la muerte trabajando sobre los puntos reflejos del corazón.

Así mismo, estos puntos operan con suma rapidez para revivir a personas que se han ahogado. Es un sistema más rápido y mejor que el de la respiración boca a boca o el del empuje rítmico de los pulmones.

Los ojos y los oídos

Los puntos de control que a continuación detallamos sirven para el alivio inmediato de cualquier dolor de cabeza. Para conseguir mejores resultados se puede operar sobre todos ellos, pero habitualmente tendremos bastante con trabajar sobre unos pocos. Los puntos de alivio más rápidos están en ambos codos (Figura 23), los puntos reflejos para el extremo superior de la espina dorsal y el estómago en ambos pulgares, y dos puntos en la parte posterior de la cabeza (Figuras 26 y 24). Estos mismos puntos liberan la tensión y el dolor a través de am-

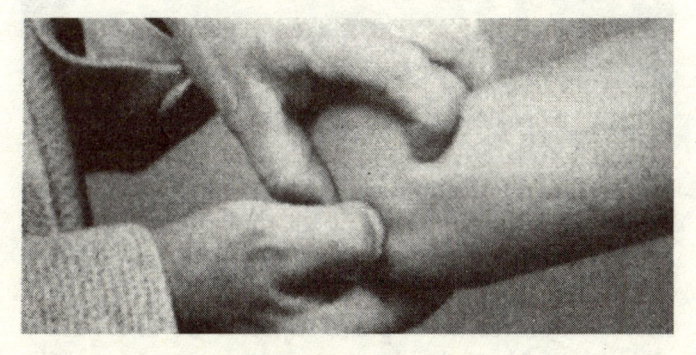

FIGURA 23. Ojo y oído

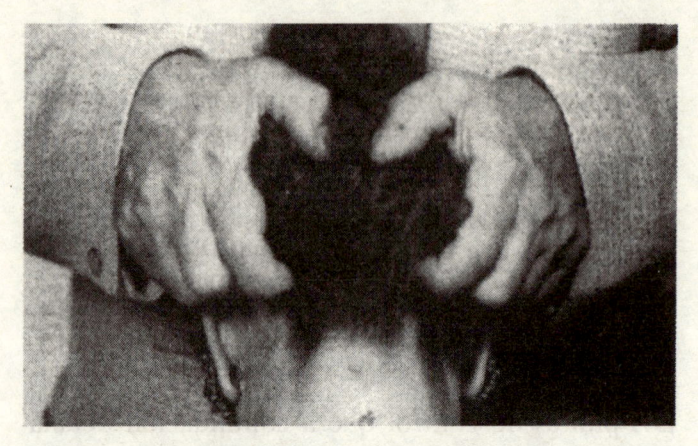

FIGURA 24. Puntos reflejos de los ojos

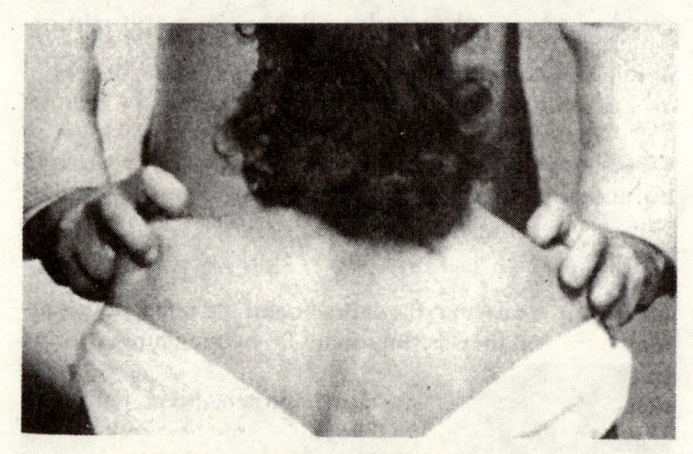

FIGURA 25. Puntos reflejos de ojos y oídos

bos hombros y alrededor de la zona de la nuca. Otros puntos reflejos de los ojos y los oídos se encuentran en el centro de las yemas de los dedos de pies y manos. Las puntas de los dedos de manos y pies alivian los dolores de la parte superior de la cabeza y el cerebro. No es habitual que estos puntos se utilicen para los dolores de cabeza, pero son importantes para ayudar en otros problemas de ojos y oídos. (Figuras 25 y 29).

Los puntos de control de la glándula pituitaria son también importantes para aliviar los dolores de cabeza. Se encuentran en el centro de la yema de

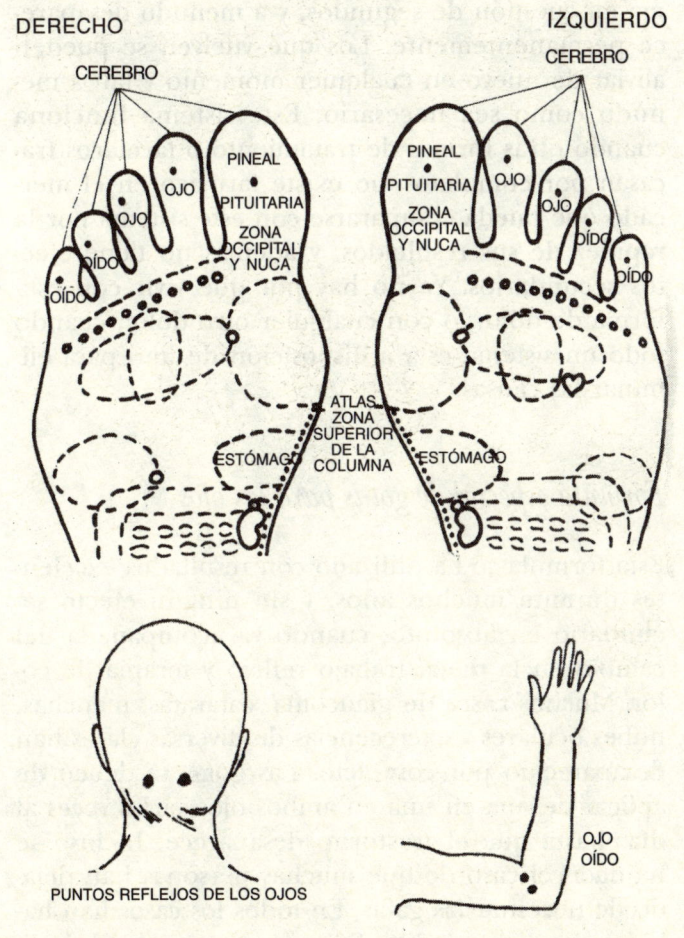

FIGURA 26. Puntos reflejos para los dolores de cabeza

los pulgares de manos y pies. Estos puntos estimulan o deprimen el funcionamiento normal de la pituitaria, que es la glándula Maestra. Cuando la pituitaria está funcionando al máximo rendimiento, el resto del cuerpo sintoniza con ella.

El peor de los dolores de cabeza y de los problemas de senos faciales responde siempre a este sistema en cuestión de segundos, y a menudo desaparece permanentemente. Los que vuelven se pueden aliviar de nuevo en cualquier momento y tan a menudo como sea necesario. Este sistema funciona cuando otras formas de tratamiento o fármacos fracasan por completo –no existe fármaco en el mercado que pueda compararse con este sistema por la rapidez de sus resultados, y además no tiene efectos secundarios. Ya no hay por qué vivir con esta forma de dolor, o con cualquier otro dolor, cuando todo un sistema está a disposición de uno para eliminar las causas.

Fórmula especial de gotas para los ojos

Esta fórmula se ha utilizado con resultados excelentes durante muchos años, y sin ningún efecto secundario en absoluto, cuando va acompañada del cambio en la dieta, trabajo reflejo y terapia de color. Muchos casos de glaucoma, cataratas, manchas, nubes oculares y excrecencias de diversas clases han desaparecido por completo. Las gotas se deben de aplicar de una en una en ambos ojos varias veces al día, hasta que el trastorno desaparece. Incluso se ha dado el caso de que muchas personas han dejado de necesitar las gafas. En todos los casos han habido grandes mejorías. Existen gran cantidad de libros sobre ejercicios oculares que ayudan también en gran medida a que la visión vuelva a la normalidad. La mayoría de las personas harían bien en aprender y realizar estos ejercicios para asegurar el mantenimiento de la visión normal.

Fórmula:
5 partes (medidas) de agua destilada
2 partes de miel de la mejor calidad
1 parte de vinagre puro de manzana ácida

Mézclelo y guárdelo en una botella. No necesita guardarlo en la nevera, ya que los ingredientes no se corrompen. Si sus ojos están en buenas condiciones, manténgalos así mediante el uso regular de estas gotas, dado que su utilización no le va a producir ningún daño. Al principio escuece mucho en los ojos, pero después el escozor pasa y la sensación que queda es sumamente agradable. Estas gotas han demostrado ser mucho mejores que cualquier otro tipo de gotas de las que se venden en las farmacias.

Trastornos respiratorios

El asma, la fiebre del heno, la sinusitis, la neumonía, la tuberculosis, el enfisema y otros problemas respiratorios se controlan como sigue:

Las glándulas tiroides y paratiroides controlan la respiración. Mientras que la primera se ocupa del control del aire que entra en los pulmones (la inhalación), la segunda se ocupa del aire que sale de los pulmones (la exhalación). Actúan como una bomba, trabajando opuestamente entre sí. Las dos glándulas se encuentran en la garganta, extendiéndose desde el centro hacia ambos lados de la nuca.

Sus puntos de control se encuentran alrededor de la juntura del juanete de ambos pies. Comience con los puntos reflejos de los riñones (en ambos pies) y después continúe con las junturas de los juanetes. Opere en la parte de arriba, a los lados y abajo, todo alrededor. Después trabaje la parte externa de los pulgares de los pies, en la zona correspondiente a la nariz; más tarde, la glándula pituitaria, en el centro de la yema de los pulgares; por último, los bronquios (cuyos puntos reflejos se encuentran en la parte de arriba de los pies, entre y directamente por debajo de las junturas de los pulgares y los índices). Los reflejos de las amígdalas se encuentran en la planta del pie, directamente debajo de los reflejos de los bronquios. Trabajando alrededor de los pulgares (por los lados, la parte de abajo y la de arriba) se alivia la tensión y los dolores de cabeza de la zona posterior del cráneo. Lo siguiente que hay que hacer (con todos los dedos de las manos situados en la base de los dedos de los pies) es operar sobre los puntos reflejos de los senos faciales cerrando los puños y doblando los dedos de los pies hacia abajo para generar una mayor presión sobre los puntos. Utilice el mismo método para trabajar sobre los puntos reflejos de los pulmones, pero un poco más abajo. (Figura 28).

El punto reflejo de los bronquios corrige también el dolor o la congestión en la espalda, justo detrás de los bronquios. (Figura 27).

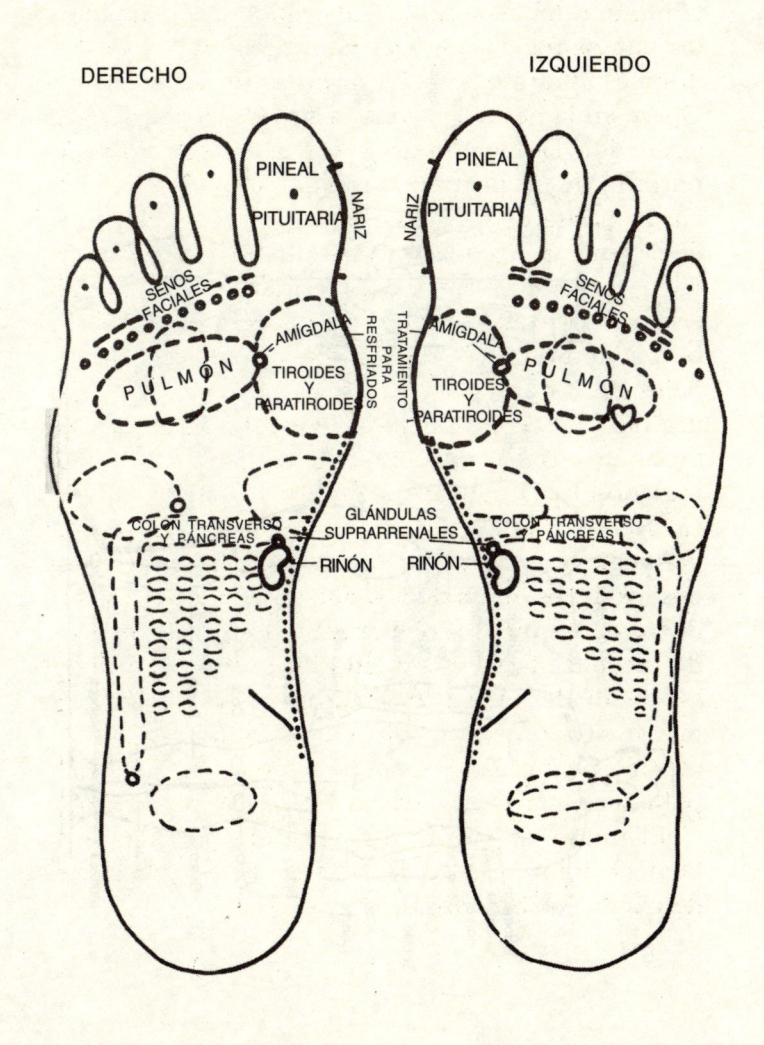

FIGURA 28. Puntos reflejos para todo tipo de trastornos respiratorios

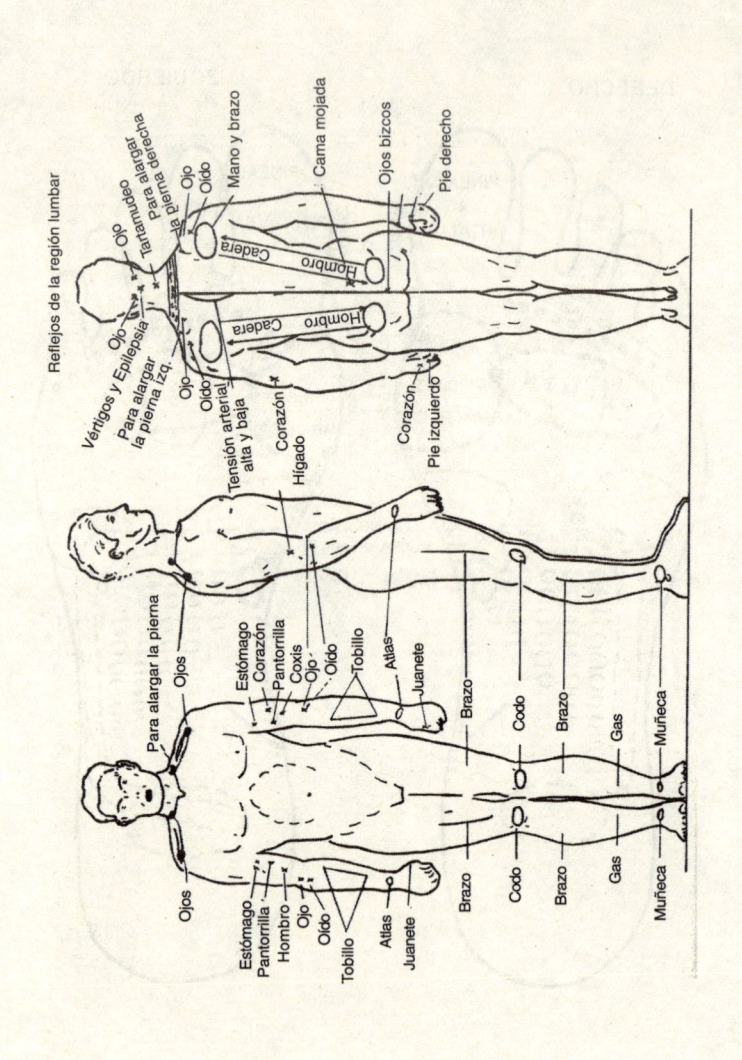

FIGURA 29. Puntos reflejos del cuerpo

El ajuste de las piernas
(FIGURAS 29 y 30)

Muchos trastornos, dolencias y males de la espalda, las caderas, la columna y la nuca generan un desajuste entre las caderas y el atlas. Hay mucha gente con una pierna más corta que la otra. Para corregir esto, el atlas debe de estar en su posición normal. Pocos sistemas de sanación saben cómo hacer esta corrección, de manera que elevan el talón o colocan un relleno en el talón de la pierna más corta. Aquellos otros sistemas que han tenido un éxito parcial en la corrección necesitan de mucho tiempo y multitud de tratamientos –y tan pronto como se ha hecho la corrección, ocurre con frecuencia que el trastorno vuelve y debe de ser corregido una y otra vez.

El sistema Vita Flex tiene una respuesta inmediata. El primer ajuste que se realiza se convierte en una corrección completa que muy rara vez vuel-

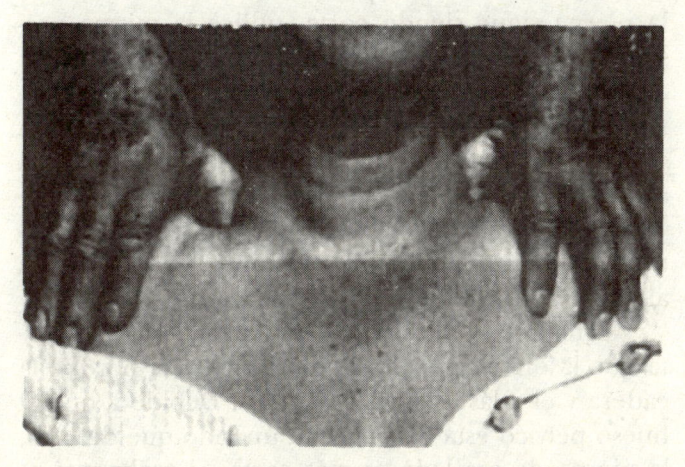

FIGURA 30. Puntos reflejos para alargar las piernas

ve a desajustarse. Si eso ocurre, se realiza de nuevo una corrección instantánea con este método. La persona a tratar debe sentarse recta y derecha sobre una silla. La persona que realiza el tratamiento se ha de situar de pie detrás del paciente, mientras que otra puede aguantar los pies ligeramente en alto para comprobar el cambio. Los puntos de control para esta corrección se encuentran en ambas clavículas. En la extensión de las clavículas, desde la parte frontal de la garganta hasta los hombros, se forma una pequeña prominencia en la curva. Poniendo el pulgar sobre este punto y dándole vueltas, por dentro, alrededor y por debajo, se realiza la corrección. La presión debe de ser lo suficientemente fuerte y profunda. Si no tiene lugar un cambio de inmediato, puede ser que usted haya perdido el lugar exacto o que la presión no sea lo suficientemente fuerte.

Para que el cambio se verifique de la forma correcta, el pulgar debe presionar primero en el lado de la pierna corta. Se puede hacer varias veces. Si la pierna sigue siendo corta, utilice la misma presión sobre el otro lado, con lo que la pierna larga se acorta para que queden las dos iguales. Es sumamente curioso y excitante el ver cómo la pierna corta se alarga hasta alcanzar la misma longitud que la otra conforme se hace el ajuste.

Después de hecha la corrección, o si no hace falta ninguna corrección, la presión adicional nunca alterará de forma adversa la situación.

Normalmente, no es que una pierna sea más corta que la otra. Tan sólo da esa apariencia porque la cadera y el atlas están desplazados. Debido a que el hueso pélvico está más alto de un lado que de otro, la pierna de ese lado es más corta. Si realmente el hueso de una pierna es más corto que el de la otra pierna, debido a un accidente o a algún tipo de enfermedad, no se puede pretender alargar el hueso para hacer la corrección.

Alteraciones en los hombros
(FIGURA 31)

La artritis, la sinovitis, el reumatismo, la neuritis y otros trastornos similares se desarrollan todos ellos de la misma forma –a través de una incorrecta alimentación que genera toxinas. Para más detalles, recurra al capítulo de El Purificador Maestro. (Ver página 31).

Los dolores en la articulación del hombro (sinovitis) se alivian y corrigen en la articulación de la falange, en la base, de los dedos meñiques de pies y manos. Para las dolencias o congestiones del resto del hombro, continúe trabajando desde la ar-

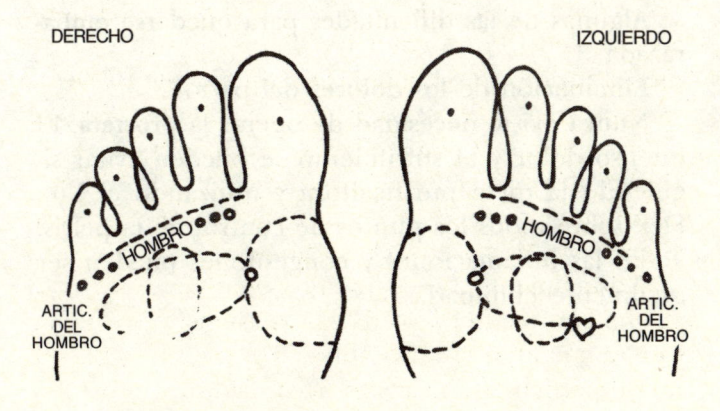

FIGURA 31. Puntos reflejos de los hombros.

ticulación de la falange, cruzando el pie, hasta la base de los pulgares. Todos los trastornos indicados más arriba, con una dieta purificadora, se pueden corregir completamente hasta que los hombros se muevan con toda normalidad.

Parto sin dolor y reflejos pélvicos
(FIGURA 32)

Todos los trastornos pélvicos responden rápidamente al sistema reflejo. Para todos ellos se utilizan los mismos puntos de control. A continuación detallamos una lista con los principales desórdenes.

Trastornos de la próstata
Almorranas y Hemorroides
Problemas de vejiga –de todas las clases
Calambres y dolores menstruales
Flujo menstrual excesivo o insuficiente
Trastornos de los ovarios o del útero
Tensiones, dolores y congestiones durante el embarazo
Algunas de las dificultades para quedarse embarazada
Eliminación de los dolores del parto

Nunca existe necesidad de operar la **próstata**. El intenso dolor y el sufrimiento se pueden evitar siguiendo la dieta purificadora y utilizando el Vita Flex sobre todos los puntos de control de la pelvis. Todas las inflamaciones y congestiones pueden ser totalmente eliminadas.

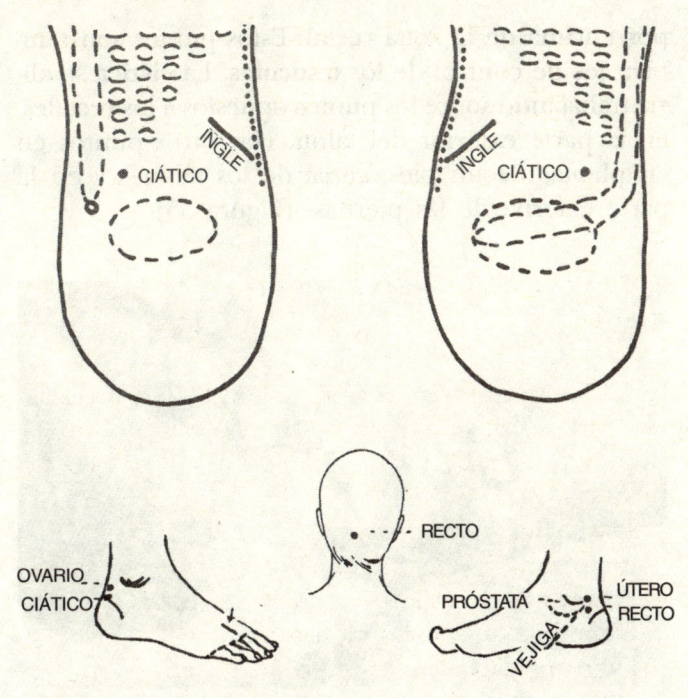

FIGURA 32. Parto sin dolor y puntos reflejos de la pelvis

Los puntos reflejos del recto

Los puntos reflejos del **recto** están en el hueso del talón de Aquiles de ambos pies y en la base del cráneo, en la parte central posterior de la cabeza. Estos puntos traen alivio inmediato a todos los trastornos de la zona rectal (tales como almorranas y hemorroides). Los puntos reflejos de la **vejiga** comienzan en la zona de los puntos rectales y siguen hacia abajo por el hueso del talón hasta la zona de puntos reflejos de la columna, para después continuar hasta un poco más allá de la zona de las **ingles**. (Figura 32). Los puntos de control del **útero** se encuentran justo por encima de la zona rectal. Estos puntos son también los de control de los **testículos**. La **ciática** se alivia trabajando sobre los puntos opuestos a los rectales, en la parte exterior del talón. Hay otros puntos en las plantas de los pies, cerca de los talones y en la parte externa de las piernas. (Figura 35)

FIGURA 33. Puntos reflejos para la próstata

En muchas ocasiones se han conseguido eliminar parcial o totalmente los dolores del parto. El niño ha nacido con frecuencia en menos de diez minutos desde las primeras señales de actividad, y se ha dado por igual tanto en casos de primerizas como en el de mujeres que habían tenido ya muchos hijos. Muchas de las mujeres habían sufrido durante largo tiempo en sus dos o tres primeros partos, pero cuando se utilizó el Vita Flex de la forma adecuada el parto resultó indoloro y rápido.

El embarazo se hace más agradable sin las molestias matinales. Otras funciones corporales se normalizan cuando se ingieren alimentos adecuados y se

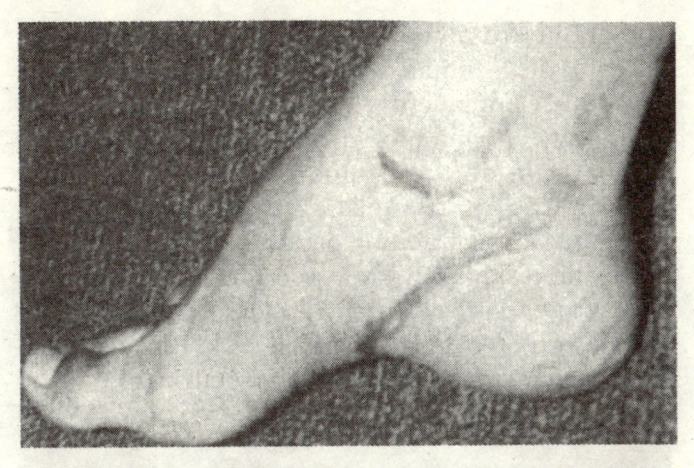

FIGURA 34. Puntos reflejos de la próstata, la vejiga y la ingle

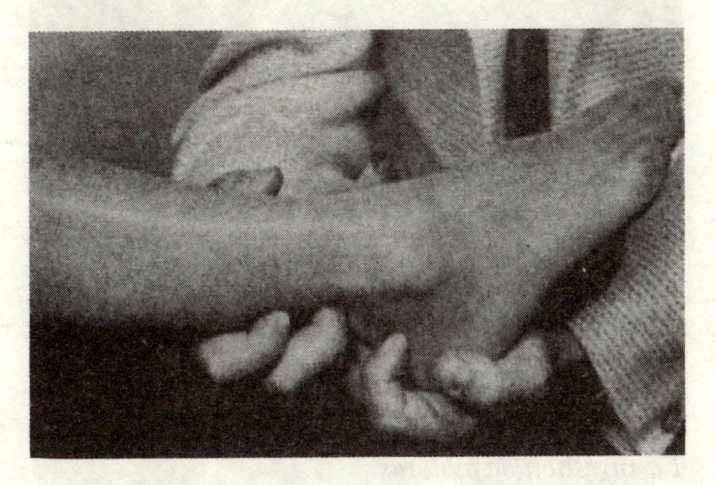

FIGURA 35. Puntos reflejos para la ciática y los ovarios

administran tratamientos de Vita Flex, y debería de abandonarse todo tipo de alimentación animal y todo producto animal, entre los que habrá que incluir la miel, los huevos y los productos lácteos.

Durante los últimos tres meses de embarazo, alrededor de la mitad de la dieta debería de estar constituída por nuestro zumo de limón. Esto evitará un parto prematuro en caso de que exista factor RH en la madre, al tiempo que proporciona una mejor nutrición para todas las funciones naturales.

El ajuste del hombro para alargar la pierna es parte importante en la corrección de los diversos órganos pélvicos –el alivio de los dolores menstruales y de los dolores de la zona baja de la espalda. También ayuda, con el tiempo, en el embarazo.

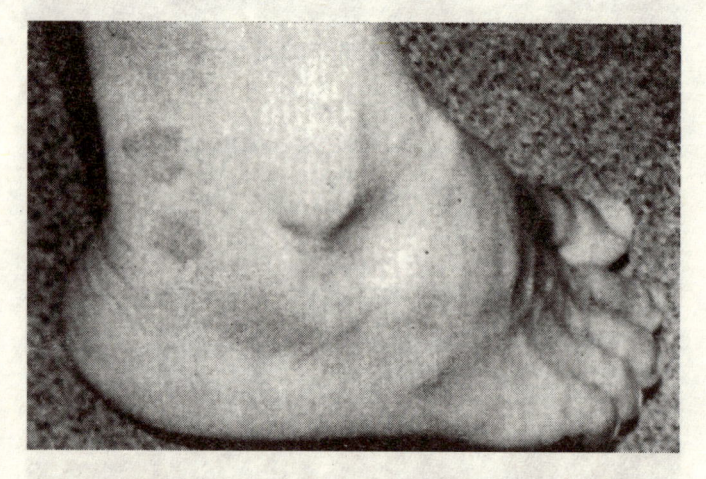

FIGURA 36. Puntos reflejos de la ciática y los ovarios

La ingestión de píldoras

Las píldoras tienen muchos y peligrosos efectos secundarios. Cuando el hombre decide manipular las funciones naturales del organismo, se ve obligado a pagar un alto precio por ello. La mejor respuesta siempre es el autocontrol. Una alimentación adecuada normalizará las actividades del organismo, estimulando e irritando mínimamente las glándulas sexuales.

No existe forma posible de provocar un aborto con el Vita Flex. Sin embargo, es posible evitar que el embarazo se malogre con la manipulación de estos controles y con la dieta adecuada. El ejercicio también será beneficioso.

El ajuste de seis puntos para los huesos y los arcos de los pies

Al corregir los arcos y ajustar los huesos de los pies tienen lugar otros muchos cambios y mejoras en otras partes del cuerpo. Cuando se corrige el arco longitudinal, las curvaturas de la columna vuelven a su posición normal de forma gradual. Cuando el arco metatarsiano se corrige, los trastornos de pulmones y tiroides mejoran. En realidad, cuando se les da nueva forma a los pies, todo el cuerpo responde y las funciones mejoran.

Para que se puede apreciar la forma correcta de los ajustes sobre el papel, nos hemos visto obligados a mostrar el cambio imagen a imagen. Sin embargo, usted debe de hacer los 6 puntos del ajuste en cada pie sin interrupciones.

Primer ajuste

Lo primero que hay que hacer es ajustar el arco metatarsiano. Para el pie derecho, el pulgar derecho de la mano deberá presionar sobre el meñique del pie en ángulo recto, aguantando con las puntas de los dedos (en dirección al pulgar del pie) la parte superior del arco longitudinal con el fin de hacer palanca. (Figura 37).

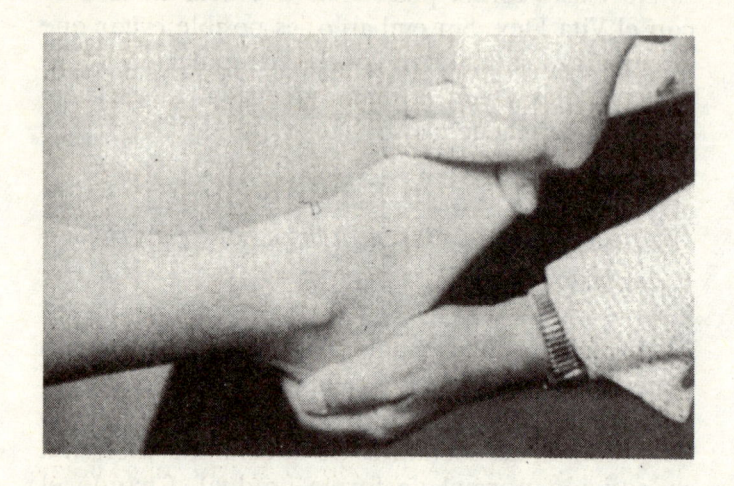

FIGURA 37. Primer ajuste

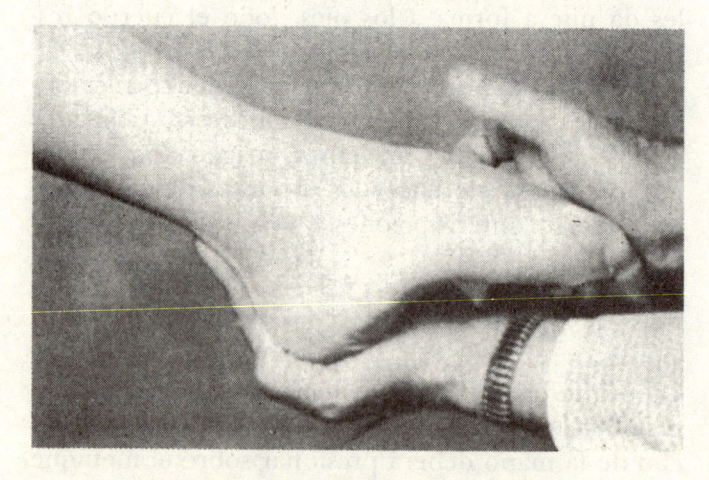

FIGURA 38. Segundo ajuste

Segundo ajuste

Mantenga la posición del primer ajuste. Pose la palma de la mano derecha sobre los dedos de los pies, suspendiendo en el aire el pulgar y el índice de la mano, mientras asoma ligeramente el pulgar del pie (Figura 38). Empuje los dedos de los pies hacia abajo y gire el pie de lado a lado en semicírculo. Con esto se sueltan muchas zonas del pie al tiempo que se eleva el arco metatarsiano.

Tercer ajuste (pie izquierdo)

Para el tercer ajuste, la mano izquierda sostiene el talón y la derecha empuña el pie con firmeza por la parte superior, aferrando los dedos en la juntura del juanete. Coloque el codo izquierdo sobre la rodilla izquierda. Rote el pie hacia adentro y hacia abajo con la mano derecha mientras empuja el centro del arco contra los centro reflejos de la colum-

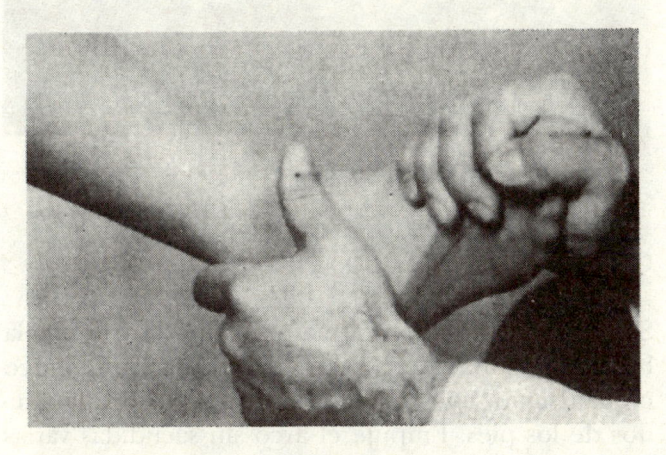

Figura 39. Tercer ajuste

na de la mano izquierda. Mueva el pulgar arriba y abajo del arco mientras lo presiona. (Figura 39).

Cuarto ajuste (ambos pies)

Agarre el pie con firmeza con ambas manos justo por debajo de los abultamientos metatarsianos. Empuje los dedos de los pies hacia abajo y el arco hacia arriba, al tiempo que sacude varias veces con fuerza. (Figura 40).

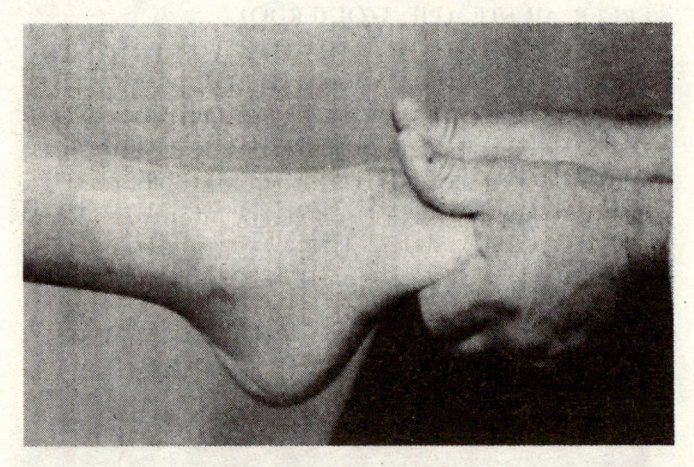

Figura 40. Cuarto ajuste

Quinto ajuste (ambos pies)

Sostenga el talón con la mano izquierda y ponga la base de la palma de la mano derecha contra el arco metatarsiano, con los dedos curvados sobre los dedos de los pies. Empuje el arco sin sacudidas varias veces, y al mismo tiempo tire de los dedos hacia abajo. Enderece el codo conforme empuje. Con esto se alargan los ligamentos y los tendones de la parte posterior de las piernas. (Figura 41).

Sexto ajuste

Mantenga la posición del quinto ajuste, gire el pie varias veces en un círculo amplio y luego gire al revés. Con esto se le da alivio a los juanetes, alivio que se puede incrementar sosteniendo el pulgar y el índice del pie con ambas manos (una sobre la otra) y estirando con rapidez varias veces.

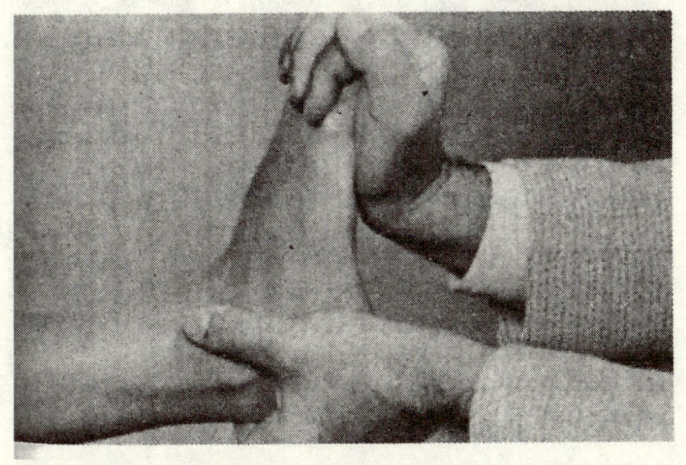

Figura 41. Quinto ajuste

Las manos
(Figura 42)

Existen tantos puntos reflejos en las manos como en los pies. Utilícelos para apoyar los reflejos de los pies. Así mismo, a los dolores de los pies se les da alivio con su zona correspondiente de las manos. En muchos trastornos en los que es difícil utilizar los pies, los reflejos de las manos funcionan igualmente bien.

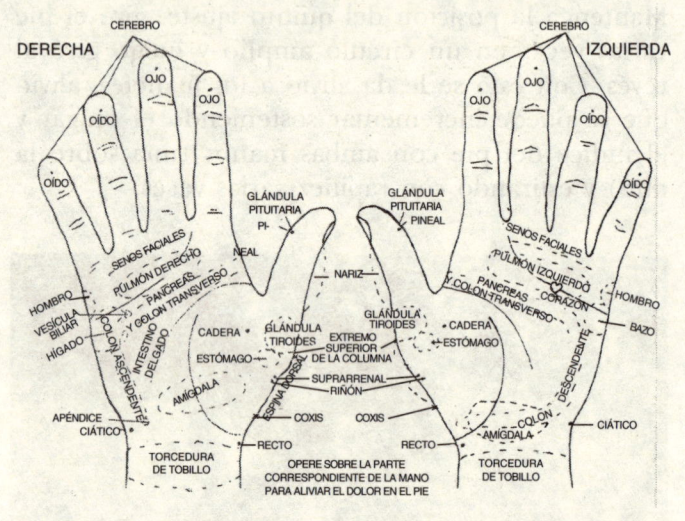

FIGURA 42. Puntos reflejos sobre las manos

La cara

(FIGURA 43)

Los muchos puntos reflejos de la cara se pueden utilizar de cuando en cuando para apoyar el trabajo sobre los puntos de pies y manos. Son particularmente útiles cuando se acompaña con un masaje corporal completo. Por otra parte, el masaje facial que se da mientras se opera sobre estos puntos reflejos, es muy placentero.

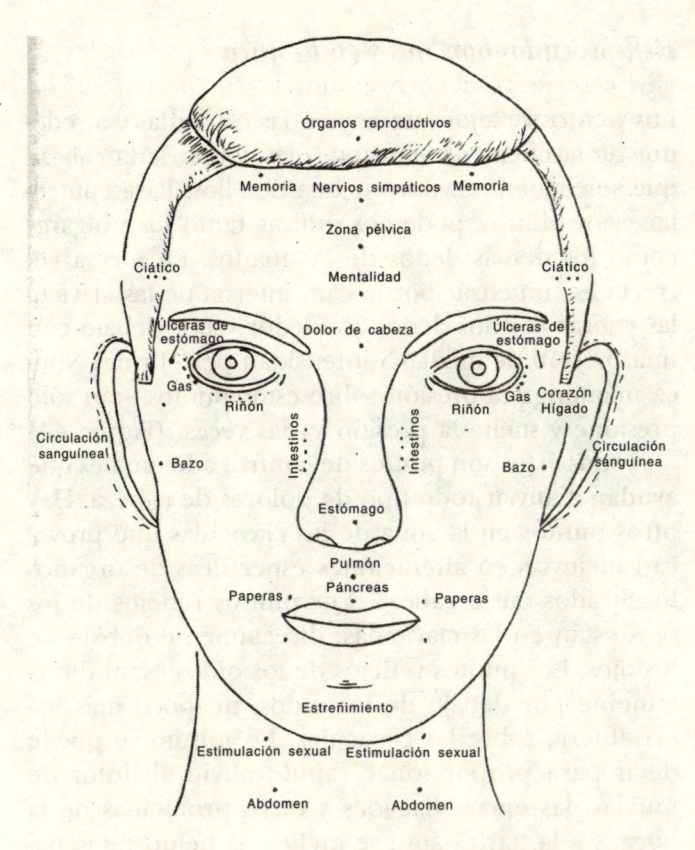

FIGURA 43. Puntos reflejos sobre la cara

Los puntos que más a menudo se utilizan son los del nervio ciático, los ovarios, los órganos reproductores y el corazón. Utilícelos para el parto sin dolor y los trastornos pélvicos.

Los demás puntos se explican por sí mismos. El mismo método, de presión y soltar, se aplica de la misma forma que en pies y manos.

Reflejos en los hombros y en la nuca

Los puntos reflejos que hay en las clavículas y alrededor de la nuca corrigen todas las zonas de la cabeza que se encuentran por encima de ellos. Para controlar estos puntos, podemos utilizar tanto los pulgares como los demás dedos de las manos. La forma correcta es comenzar por la cara interna de las clavículas y girar con los dedos alrededor y por debajo con una presión de mediana intensidad pero firme. Nunca mantenga la presión sobre estos puntos –tan sólo presione y suelte la presión varias veces. (Figura 44)

Todos éstos son puntos de control adicionales que ayudan a aliviar todo tipo de dolores de cabeza. Hay otros puntos en la zona de las clavículas que provocan mejorías en alteraciones específicas de órganos localizados en la cabeza. Los puntos reflejos de los ojos están en las clavículas, directamente debajo de los ojos. Los puntos reflejos de los oídos están directamente por debajo de los oídos, un poco más hacia afuera, sobre las clavículas. Lo mismo se puede decir para proporcionar rápido alivio al dolor de muelas, las encías llagadas y otros problemas de la boca, y a la nariz –aquí se incluye la hemorragia nasal y los diversos problemas que pueden aparecer en los senos faciales. Simplemente, localice y opere en la zona de la clavícula que se encuentra directamente por debajo de la parte afectada.

Los tics, que son una forma de neuritis, mejoran rápidamente, cuando no existen fármacos que puedan detener estas dolencias. Las amígdalas llagadas o inflamadas reciben alivio inmediato, y precisamente no debería de extirpárselas nunca. Opere sobre los puntos que hay por debajo de ellas, alrededor de la clavícula.

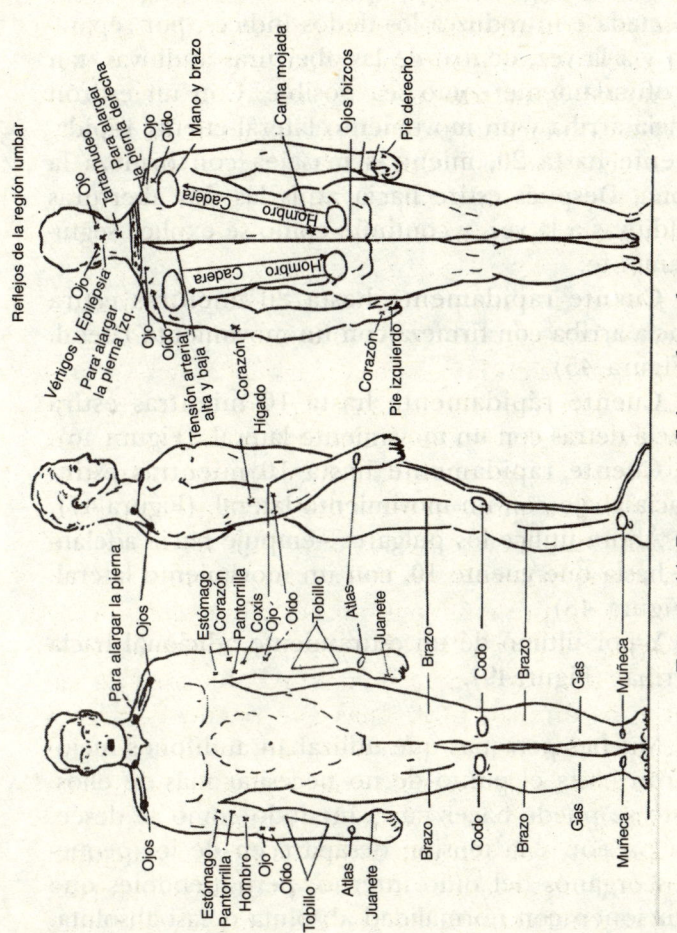

FIGURA 44. Puntos reflejos sobre el cuerpo

Para aportar mejorías adicionales a los problemas de oído, y específicamente para aumentar la capacidad auditiva, existe una forma especial de tratamiento. Póngase de pie por detrás de la persona afectada e introduzca los dedos índices, por separado y a la vez, dentro de las aberturas auditivas, tan profundamente como sea posible. Con un estirón hacia arriba y un movimiento lateral cuente rápidamente hasta 20, mientras masajea con firmeza la zona. Después estire hacia atrás las dos aberturas auditivas a la vez, y continúe como se explica seguidamente:

Cuente rápidamente hasta 20 mientras estira hacia arriba con firmeza con un movimiento lateral. (Figura 45).

Cuente rápidamente hasta 10 mientras estira hacia detrás con un movimiento lateral. (Figura 46).

Cuente rápidamente hasta 10 mientras estira hacia abajo con un movimiento lateral. (Figura 47).

Ahora utilice los pulgares –empuje hacia adelante hasta que cuente 10, con un movimiento lateral. (Figura 48).

Y por último dé un estiramiento adicional hacia arriba. (Figura49).

Muchas personas que utilizaban audífonos mejoraron hasta el punto de no necesitar más de ellos. Esto se puede hacer tan a menudo como se desee. La presión y la tensión desaparecen de los pequeños órganos del oído interno, permitiéndoles que funcionen con normalidad absoluta o casi absoluta.

Si operamos sobre la totalidad del oído externo mediante pequeños pellizcos, conseguiremos aumentar la circulación sanguínea por todo el cuerpo. Existen muchos puntos reflejos en el oído externo que de entrada dan muy buenos resultados por todo el organismo. Es una forma rápida de entrar en calor en una mañana fría o en cualquier otro momento.

Hay que decir que los mismos reflejos de la clavícula, que alivian las alteraciones de la cabeza directamente por encima de ellos, también afectan a todas las partes del cuerpo que tienen por debajo de una manera similar. Los puntos reflejos de los ojos son los mismos que los del estómago. Los de los oídos van al hígado, la vesícula biliar y a todas las zonas que hay en medio y por debajo. Utilícelos para apoyar el resto del trabajo.

FIGURA 45. Estiramiento hacia arriba

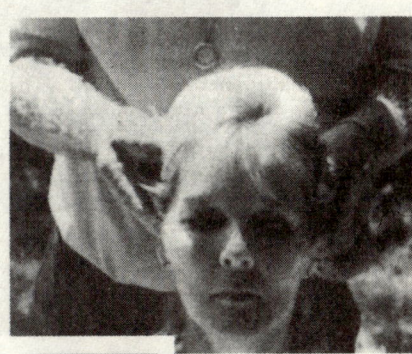

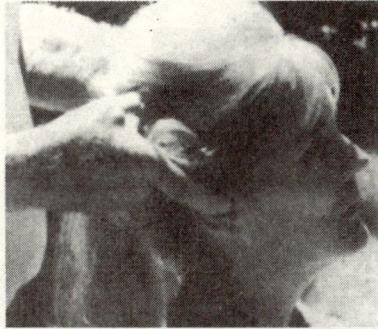

FIGURA 46. Estiramiento hacia atrás

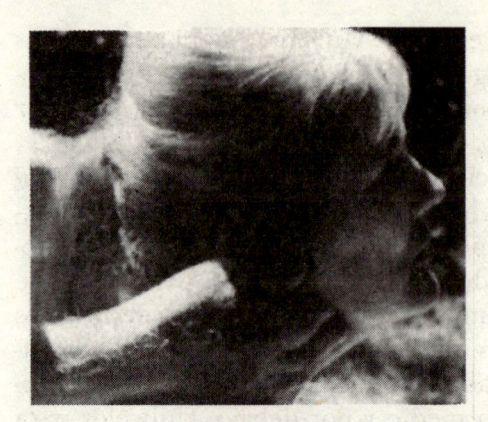

FIGURA 47.
Estiramiento
hacia abajo

FIGURA 48.
Estiramiento
hacia
adelante

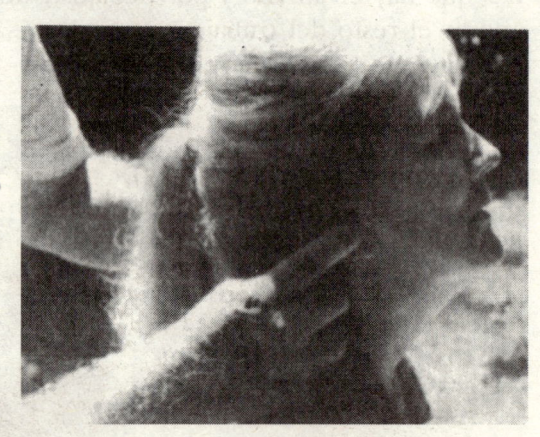

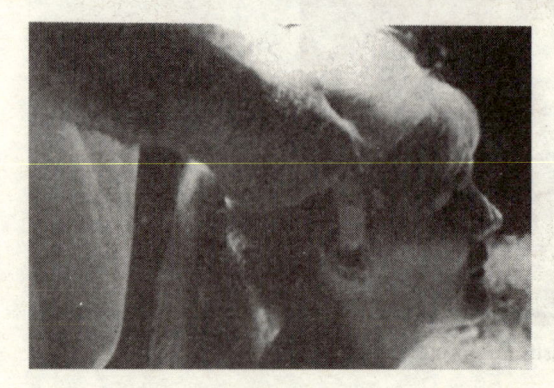

FIGURA 49.
Rápido
estiramiento
hacia arriba

Uno de los aspectos más atractivos del Vita Flex es que uno no se ve limitado a un sólo punto de control, sino que existen múltiples elecciones posibles para realizar una corrección completa.

Muchos de los puntos reflejos van a otras partes del cuerpo, aparte del punto principal. Un buen ejemplo de esto se encuentra en la superficie de los omoplatos. (Figura 50).

La mejor manera de realizar el siguiente trabajo es tener a la persona sentada en el suelo de espaldas a usted, que deberá estar sentado en una silla. Los cinco puntos que hay cerca de la parte superior de los omoplatos son puntos de control para los dedos de las manos. Los dos puntos más grandes que hay en la parte interior son los correspondientes a los pulgares, mientras que los puntos de control del resto de los dedos se extienden hacia afuera.

Estos mismos puntos, además de la totalidad de la superficie de las paletillas, controlan íntegramente las manos, las muñecas, los codos y los brazos.

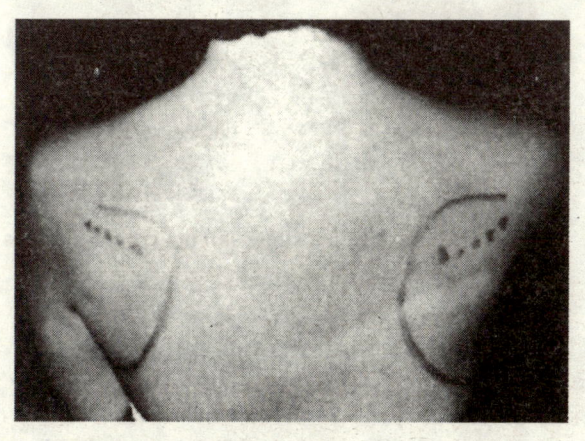

FIGURA 50. Puntos reflejos sobre los omoplatos

Todos los puntos de los omoplatos controlan a su vez el corazón, y los pulmones y pectorales de ambos lados. También controlan y hacen correcciones en las nalgas, la parte sobre la que usted se sienta.

A su vez, los puntos reflejos de las nalgas alivian y corrigen las alteraciones de los omoplatos.

Los puntos reflejos que existen a todo lo largo de la columna vertebral, a ambos lados, alivian y corrigen cualquier trastorno que haya en la parte frontal, directamente a través del cuerpo. La mejor forma de hacer esto es «caminar» con los pulgares, hacia arriba y hacia abajo, por los lados de la columna. (Figura 51).

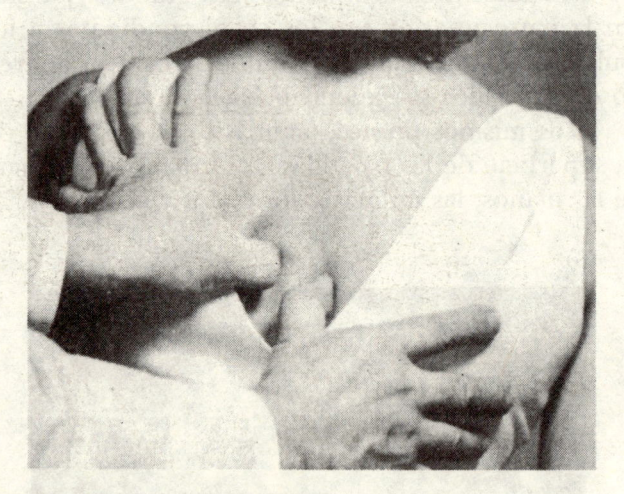

FIGURA 51. Puntos reflejos que se encuentran a lo largo de la columna

Utilizando las rodillas como punto de apoyo sobre el cual estirar y torcer la espalda, empuje los hombros hacia atrás y alrededor de la rodilla con ambas manos. Utilice una rodilla cada vez y después ambas. Ponga las rodillas arriba y abajo por los lados de la columna y cruzándola. Este ejercicio relaja y suelta la columna y los músculos proporcionando una mejoría acentuada en los movimientos y en la flexibilidad. (Figura 52).

Para finalizar con el sistema, masajee con moderación –con movimientos circulares y como amasando– los hombros, la parte superior de la espalda y la nuca.

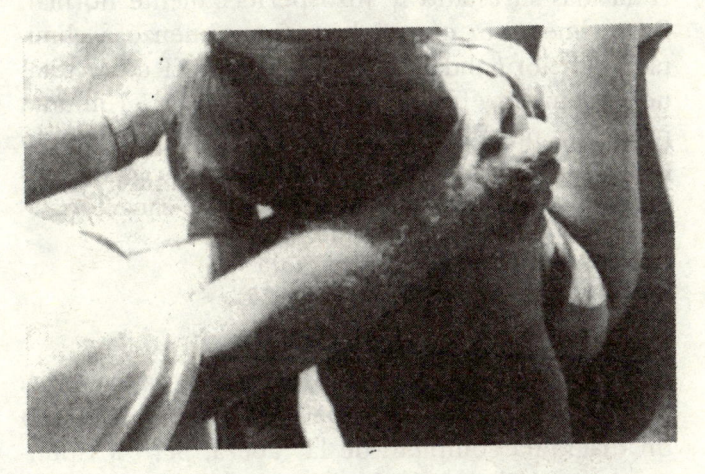

FIGURA 52. Utilice la rodilla para estirar

La maravillosa experiencia de Katie

Katie vino a mí hace poco tiempo. Durante catorce años había estado sufriendo constantemente, con agudos dolores en el coxis y la espalda. Después de gastar mucho dinero en multitud de sistemas de sanación –su familia tenía el suficiente desahogo económico como para llevarla a los mejores especialistas– su dolor continuaba estando allí. Le dijeron que tenía que vivir con él. Ni sentada, ni acostada, ni caminando encontraba alivio.

En su primera visita el Vita Flex hizo desaparecer el dolor de la espalda y el coxis. Y el dolor ya no volvió. También tenía un gran espolón de calcio en el coxis que también desapareció.

En su tercera visita elevamos y pusimos en su lugar los órganos prolapsados, sin utilizar bisturí alguno. Se quedaron donde tenían que estar. Con una visita más su estado se hizo perfectamente normal. Por primera vez en muchos años comenzó a eliminar con normalidad, y así continuó. El coste total del tratamiento fue de 30 dólares. No hicieron falta rayos X y no se hicieron exámenes. Es un ejemplo perfecto de resultados consistentes y permanentes obtenidos con la mejor de las artes de sanación.

La cabeza

Existen tantos puntos reflejos en la cabeza como los hay en los pies y las manos. En este libro no ofrezco un diagrama completo de la cabeza, pero los puntos de control siguen el mismo esquema que en los pies, las manos y los omoplatos. Los puntos a izquierda y derecha controlan sus correspondientes lados del cuerpo. La línea del cabello en el centro de la frente controla el atlas, mientras que la base del centro del cráneo controla el coxis. El resto de la columna está entre estos dos puntos. Utilice el mismo tipo de presión en el tratamiento sobre la cabeza que sobre el resto del cuerpo.

El suave estiramiento del cabello que tiene lugar mientras hacemos correr los dedos por la cabeza y cerramos el puño con fuerza, incrementa la circulación sanguínea en el cuero cabelludo y hace crecer el cabello. Una de las formas más agradables de inducir al sueño es precisamente estirando el cabello y masajeando la cabeza.

Después de mucha investigación y muchas pruebas me di cuenta de que, trabajando sobre la cabeza, se conseguían muchas sanaciones y medidas correctoras importantes, así como cambios estructurales reales. Muchos trastornos que iban acompañados de espasmos y parálisis se corrigieron por completo con masajes y con la técnica de reconformar la cabeza. (Figura 53). Las suturas del cráneo están libres en todo momento para dejar ir presiones y tensiones de muchas zonas del cerebro. Personas que llegaron sin esperanza alguna de curación son ahora personas que viven una saludable vida normal. Podría citar muchos casos, pero creo que habría que hablar de uno muy especial. No es un caso extraño, sino uno de los muchos que se han venido repitiendo con este trabajo una y otra vez.

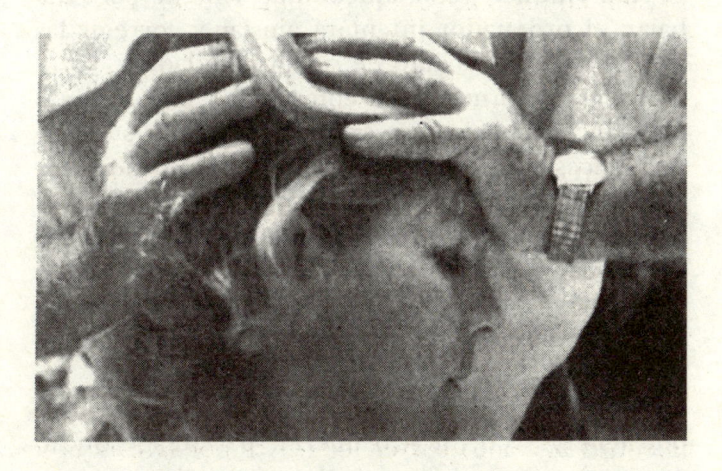

Figura 53. Reconformar la cabeza

En el interior del ordenador humano existe un almacén enorme de datos que está en constante estado de alerta para diagnosticar cualquier problema o deficiencia que pueda aparecer en el organismo y prescribir el remedio o aporte necesario para corregir el daño o suplir la deficiencia. El ordenador tan sólo requiere la mayor cooperación por parte del individuo, que es el que ha de proporcionar la materia prima diseñada por la naturaleza para satisfacer sus necesidades.

El funcionamiento del ordenador es estricta y completamente automático, y da indicaciones precisas a cada parte del organismo para que actúe en concordancia con la naturaleza, con el fin de resolver sin vacilaciones cualquier tipo de necesidad.

Sólo cuando la gente ignora las simples necesidades naturales del cuerpo, rodeándose de drogas de cualquier naturaleza –legales o ilegales– y de alimentos desnaturalizados y excesos de todas las clases, es cuando la gente enferma y decae.

Aún entonces, con aquello que se le dé para trabajar, el ordenador intentará ajustar y corregir las alteraciones al máximo de sus posibilidades.

Todas las formas de la enfermedad se basan más en la incapacidad de su anfitrión en suplir sus propias necesidades que en el fracaso del ordenador en actuar según su esperada perfección.

Todo lo expuesto hasta aquí hace absurda la necesidad de tantas ridículas y costosas máquinas hechas por el hombre, junto con los costosos errores de vida y muerte de aquellos que se ven involucrados en sus tratamientos.

Con todo lo que sabemos acerca de la capacidad que tenemos en nuestro interior para diagnosticar, prescribir y curar todo tipo de enfermedades, asombra que la medicina continúe intentando inventar costosísimas máquinas cada vez más complicadas que en modo alguno pueden competir o compararse con la perfección de la obra de Dios en cada persona.

No olvide que ningún producto hecho por el hombre, por mucho que valga, podrá sustituir con éxito a las perfectas creaciones de Dios.

Los elevados costes de los productos hechos por el hombre han superado la capacidad de éste para sobrevivir a los bienes que intentan satisfacer sus artificiales necesidades.

La medicina ha llegado al punto de establecer sus precios más allá de lo que el hombre puede pagar por sus ofertas de salud, mientras que la naturaleza ha mantenido sus costes por debajo del nivel normal de la oferta y la demanda en todo el mundo, con sus simples frutas, hierbas y otros alimentos.

La medicina, con sus planteamientos acientíficos, nos llega siempre con algo nuevo que demuestre su compromiso por satisfacer las necesidades de la gente, pero esa novedad es siempre más cara, más complicada, más peligrosa y más dada a efectos secundarios que los sencillos métodos naturales, mucho más económicos y eficaces.

Después de todo, si estudiaran la naturaleza con más atención, y descubrieran lo que Dios ofrece, encontrarían las respuestas –las simples respuestas que han estado ahí desde siempre–, aquellas que funcionan y lo hacen además con rapidez.

La naturaleza puede ser, y de hecho es, el mejor maestro, puesto que la naturaleza sabe mucho más que toda la profesión médica junta, porque la estableció Dios, a despecho de lo cerca o lejos de la Divinidad que ellos crean estar.

¿No sería mejor dar marcha atrás en esta carrera

destructiva y darle una oportunidad a la naturaleza para que demuestre lo que Dios puede hacer? Hagámoslo ya. La naturaleza ha estado a nuestro alrededor mucho más tiempo que cualquier médico o método de curación, y seguirá estando ahí mucho después de que los planes del hombre se hayan desvanecido.

La vuelta a los métodos naturales puede reducir la dependencia de drogas y fármacos peligrosos que tienen la mayoría de los hospitales en la des-atención y los des-cuidados médicos a los que someten a sus pacientes. Y la cirugía puede llegar a ser casi algo del pasado, una horrible pesadilla de esperanzas vanas en una sanación normal. ¿No es esto lo que necesitamos y pedimos? Piense sólo en la miseria y el sufrimiento, y en las vidas que se pueden salvar mediante los métodos naturales. ¿Es que no vale la pena salvar esas vidas? Permitámosle a la naturaleza que demuestre la eficacia de su trabajo, puesto que, al fin y al cabo, los métodos médicos actuales se han mostrado insuficientes, con tantos fracasos tan costosos como mortales.

Los patrones médicos oficiales no tienen nada mejor que ofrecer –después de tantos años de vastas y costosas investigaciones– que la utilización de multitud de drogas adictivas y una cirugía destructora, pero si aparece alguien con un remedio para todas las enfermedades se le tratará –se le perseguirá– como a un vulgar criminal, ya que un tratamiento siempre será más lucrativo que una verdadera cura.

La increíble historia de Rose

En aquella época, yo dirigía un club de salud en Honolulú, en Keeaumoku Street. Una mañana, en 1970, una muchacha de unos 29 años entró cojeando para hablar conmigo. Desde su nacimiento venía padeciendo de un severo cuadro espasmódico que le hacía hablar con dificultad, de forma vacilante. Su boca estaba visiblemente torcida y no podía abrir los dedos de las manos. Caminaba oblicuamente, con un fuerte balanceo. Era el peor caso de sus características –de los que aún son capaces de mantenerse sobre sus pies– que yo había visto jamás. Había visto muchos casos así, pero ninguno tan malo.

Ella se sentó y hablamos. Su nombre era Rose, pero muchos de sus amigos y conocidos la llamaban «Rose la Jorobada». A lo largo de toda su vida había pasado por muchos médicos y sistemas de curación, pero todos ellos habían fracasado, sin obtener ni el más mínimo cambio en su estado. Para ellos no había ninguna esperanza. Rose debía vivir con su problema.

Después de contarme la historia de su vida, Rose me preguntó: «¿Usted me puede ayudar?». «Claro que sí», le respondí. Yo sabía que, con la ayuda de Dios y el ilimitado poder curativo que había detrás de todo el trabajo que había llevado a cabo, Rose no se iba a quedar en la estacada.

Venía a diario, semana a semana, haciendo autostop desde la costa norte. A menudo se veía obligada a caminar bastante trecho en ambas direcciones con gran dificultad. Lo importante es... que venía.

Y poco a poco comenzaron a llegar los cambios. Nada drásticos; tan sólo una respuesta firme y constante. Un día, al cabo de tres meses, entró con un regalo para mí. Me había hecho una bonita camisa con sus propias manos, aquellas manos que poco antes eran casi inútiles. Ahora hablaba sin dificultad y caminaba casi recta.

Después de siete meses de tratamiento, una hermosa muchacha comenzaba una nueva vida como un ser humano normal. Más tarde se casó y tuvo un hijo con toda normalidad. Sus amigos no pueden creer que ésta sea «Rose la Jorobada».

¿Puede un sistema como éste recibir el reconocimiento y el respeto que se merece? Y este trabajo, ¿podría ponerse a disposición de todo el mundo?

La causa del trastorno de Rose: los médicos durante el parto utilizaron el instrumental habitual en la época para estirar del bebé por la cabeza, provocando con ello una presión excesiva en el cerebro y por ende en el sistema nervioso. La corrección se hizo con cambios estructurales de Vita Flex, la dieta correcta y terapia de color.

El tratamiento completo de Vita Flex

Dado que todas las partes del cuerpo trabajan armónicamente unas con otras, lo más aconsejable es un masaje reflejo completo como forma de estimular, activar y relajar la totalidad del organismo.

Cuando se completa el tratamiento, el cuerpo se ve invadido por una chispeante sensación de ligereza y flexibilidad.

Las tensiones, los dolores, la rigidez y esa sensación generalizada de cansancio desaparecen a medida que una total y absoluta relajación ocupa su lugar. Al mismo tiempo, uno puede estar plenamente activo en muchos aspectos o dejarse ir para, cómodamente, tumbarse y relajarse en paz. Por la noche el sueño viene rápida y suavemente, de modo que nunca se vuelven a necesitar pastillas o pociones para dormir.

El procedimiento completo se puede hacer a diario, puesto que no deviene ningún mal por mucho que se haga.

A la hora de dar un tratamiento, el orden aproximado a seguir sería el que detallamos a continuación: (Vaya a los diagramas para localizar los puntos reflejos y aplique la presión tal como se describe e ilustra en las páginas precedentes.)

1. *Pie derecho*

    Apéndice.
    Colon ascendente.
    Hígado y vesícula biliar.
    Colon transverso y páncreas.

2. *Pie izquierdo: (continuando a través)*

    Colon transverso y páncreas.
    Bazo.
    Colon descendente y cruzar hasta el coxis.
    Coxis.
    Subir por la columna hasta su parte superior.
    Riñones y glándulas suprarrenales.
    Estómago.
    Glándulas tiroides y paratiroides, en la juntura del juanete.
    Bronquios, en la parte superior de los pies.
    Amígdala, en la planta del pie.
    Nariz –por dentro y por fuera del pulgar.
    Parte trasera de la cabeza (occipital) y nuca.
    Glándula pituitaria y pineal.
    Senos faciales (justo debajo de los dedos).
    Pulmones (justo debajo de los dedos).
    Hombro.
    Corazón (sólo en el izquierdo).

3. *Pie derecho: (de nuevo)*

    Coxis.
    Subir por la columna hasta su parte superior.
    Riñón y glándulas suprarrenales.
    Estómago.
    Tiroides y paratiroides en la juntura del juanete.
    Bronquios, en la parte superior del pie.
    Amígdala, en la planta del pie.
    Nariz (por dentro y por fuera del pulgar).
    Parte trasera de la cabeza (occipital) y nuca.
    Glándula pituitaria y pineal.
    Senos faciales (justo debajo de los dedos).
    Pulmones (justo debajo de los dedos).
    Hombro.

4. *Pie derecho* (continuación). *Zona de la pelvis y parto sin dolor:*

   Próstata.
   Recto.
   Vejiga e ingle.
   Útero.
   Nervio ciático.
   Ovario.
   Ciático en el planta del pie.
   Ciático en la pierna.

5. *Pie izquierdo: Zona de la pelvis. También parto sin dolor:*

   Próstata.
   Recto.
   Vejiga e ingle.
   Útero.
   Nervio ciático.
   Ovario.
   Ciático en el planta del pie.
   Ciático en la pierna.

6. *El ajuste de seis puntos comienza con el pie derecho*

7. *Trastornos especiales:* Vaya a los lugares en donde hayan heridas o úlceras, o donde la persona tiene problemas

8. *Espinilla*

9. *Manos:* trabajar en su totalidad cada punto, como apoyo a lo hecho en los pies (también elimina dolores de los pies)

   Estirar la mano.

10. *Reflejos del oído y el ojo en el codo (ambos brazos)*

   Corazón (sólo lado izquierdo) mano y brazo (primero una y después el otro (con movimiento de bombeo).

11. *Sentado en el suelo, de espaldas al operador*

   Trabajar sobre los hombros para el estreñimiento y los problemas de la parte baja de la espalda.
   Alargamiento de piernas.
   Ojos y oídos.
   Pulgares (caminar arriba y abajo por la columna).
   Operar sobre omoplatos para manos, caderas y pecho.
   Trabajar alrededor la parte interna de las clavículas.
   Presionar con la rodilla en diversos puntos de la espalda y estirar.

12. *Oídos*

   Arriba hasta contar 20.
   Atrás 10.
   Abajo 10.
   Hacia adelante 10.
   Estirar hacia arriba rápido.

13. *Reflejos en la parte posterior de la cabeza para los ojos, dolores de cabeza y recto*

14. *Cabeza*

   Presionar hacia el hombro (a la izquierda y luego a la derecha).
   Balanceo para estirar (suave a la izquierda y luego a la derecha).
   Brazo detrás de la cabeza (empujar la cabeza en

un sentido y elbrazo en sentido contrario para estirar.
Reflejos por toda la cabeza, presionar la cabeza para reconformar.
Estirar con el puño el cabello.

15. *Cara*

Corazón a la izquierda.
Ovarios y ciático en ambos lados.
(Utilice otros puntos reflejos de la cara si el trastorno lo requiere).

Procedimiento general para un masaje corporal completo

El masaje ha de ser de una profundidad media, con fricciones largas en donde sea posible. Ésta es tan sólo una versión condensada. El trabajo en clase y la experiencia son indispensables para un trabajo integral.

Antes de comenzar el masaje ponga una pequeña cantidad de aceite de coco sobre el cuerpo de la persona, y después utilice un masaje acondicionador para la piel. La receta se encuentra en la página 195 en Sugerencias Útiles.

Con la persona tumbada sobre la espalda

1. Cada pie por separado (utilice ambas manos)
2. Cada pierna y pie
3. Ambas piernas y caderas al mismo tiempo, con fricciones largas

4. Amasar las piernas rápidamente
5. Estómago
6. Pecho y hombros
7. Cada mano-brazo-hombro (con el brazo cruzando el pecho y después por detrás de la cabeza)
8. Cara, nuca, volver la cabeza a los lados, empujar la cabeza hacia atrás
9. Ambos brazos sobre la cabeza; fricciones largas, torsión y tirón

Con la persona tumbada sobre el estómago

1. Cada pie y pantorrilla (la rodilla doblada en perpendicular) llevar el talón a la nalga
2. Plantas de los pies utilizando ambos pulgares —tirón hacia abajo
3. Cada pierna por separado (para las mujeres, concentrarse en la parte interna de los muslos)
4. Ambas piernas al mismo tiempo
5. Amasar las piernas con rapidez
6. Amasar las nalgas
7. Espalda; fricciones largas —una mano sobre la otra, con el nudillo del pulgar a lo largo de la columna, las manos siguiendo un movimiento natatorio (cubra la espalda con una toalla) las manos entrelazadas sobre la columna (primero la persona inhala profundamente, repita con la cabeza vuelta hacia el otro lado, después arriba apoyándose en los codos)
8. Cubrir con una toalla y amasar rápidamente espalda y piernas
9. Golpeteo con los puños y luego con las manos abiertas (use vibrador si dispone de él).

El rodillo de pie

En ocasiones, cuando necesitamos un buen tratamiento, no hay nadie alrededor que nos pueda echar una mano. Para satisfacer esta necesidad, el autor diseñó un eficaz utensilio para ejercitar pies, manos y otras partes del cuerpo. (Figura 54).

El artilugio es un tipo especial de rodillo con tacos espigados lo suficientemente juntos como para no hundirse demasiado en la piel si se presiona con fuerza. Sin embargo, están lo suficientemente distantes como para alcanzar a todos los puntos reflejos mientras se hace rodar con ambos pies adelante y atrás. Se pueden dejar los calcetines puestos para obtener una sensación más cómoda y relajante. En sólo unos minutos desaparecen tensiones, pesadez, cansancio y dolor. Todo el cuerpo responde a la estimulación, llevando a una vida más activa. Los pies tensos y cansados reciben un alivio inmediato.

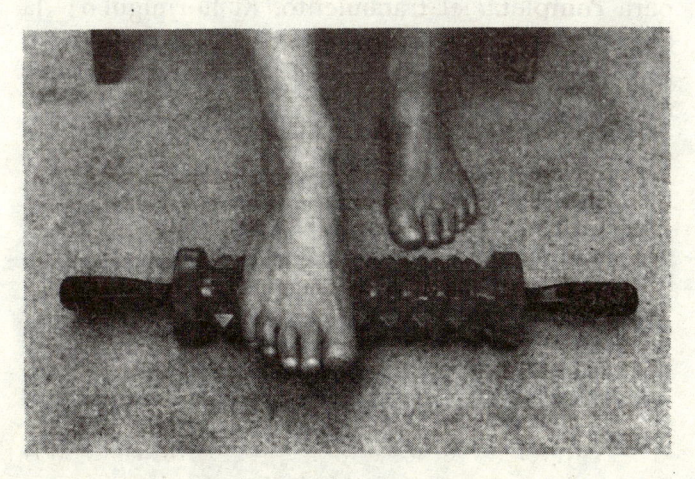

FIGURA 54. El rodillo de pie

Con la ayuda de otra persona, se puede utilizar sobre la espalda con gran provecho –resulta muy agradable y relajante. Utilice una toalla u otro material entre el rodillo y la espalda para suavizar la presión.

Es especialmente útil y eficaz si se aplica sobre protuberancias que hay que reducir. Utilice también en este caso una toalla.

El rodillo de pie duplica el efecto de caminar descalzo sobre suelo pedregoso, y se puede usar tan a menudo como se desee sin ningún efecto perjudicial.

La utilización del vibrador

Durante muchos años he utilizado un potente vibrador para pies, espalda y otras partes del cuerpo. Lo he aplicado al final del tratamiento de pies y al final del masaje corporal. Es un método excelente para completar el tratamiento. El hormigueo y la ligereza que experimenta el cuerpo después de su utilización es el mejor final para una experiencia que resulta del todo placentera.

Rodillo Relajante
ESTIMULA LA CIRCULACIÓN

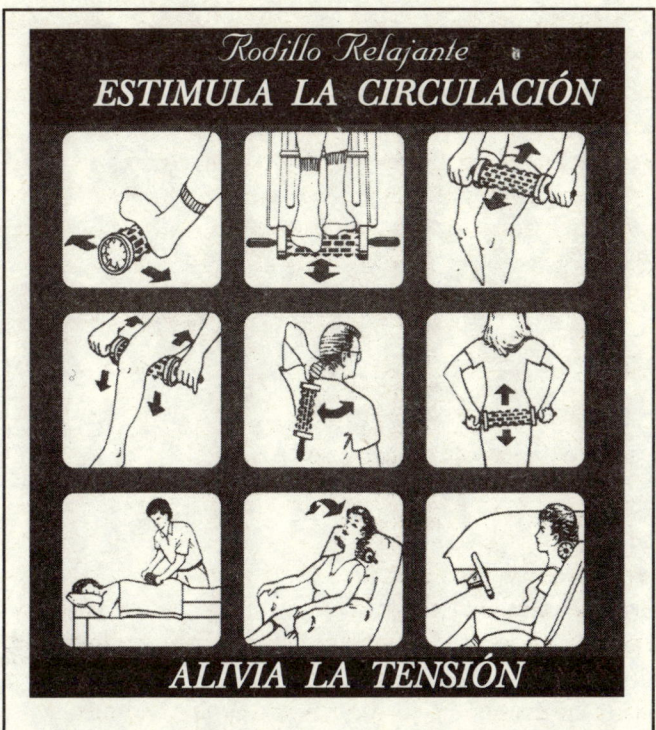

ALIVIA LA TENSIÓN

El Rodillo Relajante es un instrumento de masaje para los pies y el cuerpo diseñado para crear un masaje de puntos reflejos o de presión similar al Vita Flex o la Reflexología. Está recomendado por Quiroprácticos, Naturópatas y Reflexólogos.

El Rodillo Relajante se puede solicitar a Burroughs Books por el precio de 20 dólares la unidad más 4 dólares por gastos de envío. (Precio para los Estados Unidos)

Enviar a: Burroughs Books
P.O. Box 6864
Auburn, CA 95604

Capítulo III
El Yoga

Debido a la estrecha relación que guardan en sus efectos sobre el cuerpo las antiguas artes del Vita Flex, la terapia de color y el yoga, me he sentido obligado a incluir algunas palabras sobre el yoga. Pero, dado que soy sólo un lego principiante en lo que se refiere al yoga, he creído necesario pedir ayuda a un experto.

No debemos considerar el yoga como una forma de religión en ningún sentido de la palabra. Pero, por el contrario, sí que debemos considerar que las leyes y los beneficios naturales que tiene el uso del yoga lo convierten en una disciplina de la mayor importancia en la reconstrucción y el mantenimiento de una salud más completa y equilibrada, aparte de la flexibilidad y control del cuerpo físico que proporciona. Dado que el cuerpo físico forma parte de la trinidad del ser, toda pugna del cuerpo por alcanzar la perfección redundará en grandes beneficios para la mente y el espíritu.

La práctica del yoga permite que la mente y el espíritu funcionen con más libertad y perfección, por cuanto no se ven rezagados por culpa de un cuerpo enfermo y débil.

Es para mí un privilegio presentar este trabajo,

traducido directamente del original en sánscrito, para que usted, lector, pueda conocer cuán importante llegó a ser para la gente de la antigüedad la actividad y la práctica del yoga.

A veces, hablando en términos generales, las obras originales del pasado debieron parecer deficientes a muchas personas de las que vivieron después, de manera que algunos las alteraron o mejoraron según su criterio. Quizás, aquellas personas lo considerarán como un progreso, puesto que habían encontrado una respuesta más completa o bien otro tipo de respuesta.

No es mi objetivo justificar o condenar estas prácticas, en parte o en su totalidad. Simplemente, le sugiero que busque y elija nada más aquello que se adapte mejor a sus objetivos.

Por experiencia sé que, a medida que desarrollamos y perfeccionamos nuestro cuerpo y comprendemos mejor cómo trabaja con la mente y el espíritu, precisamos de menos horas de inactividad meditativa para alcanzar un desarrollo espiritual superior que genere la armonía buscada entre todos los aspectos de la trinidad.

Por otra parte, y como muchos otros, he descubierto también que es sumamente beneficioso, si no necesario, entrenar los músculos y la mente en cualquier forma de ejercicio que conlleve actividad y velocidad. Estos ejercicios preparan a la mente, a los músculos y a los nervios para estar alertas y responder con rapidez ante cualquier posible emergencia, cosa que ocurre constantemente en nuestra sociedad actual. Con esto se crea un equilibrio natural entre ejercicios lentos y ejercicios rápidos.

Utilizando el Vita Flex, la terapia de color y una nutrición equilibrada, junto con la realización de ejercicios adecuados, no nos alejamos demasiado de los descubrimientos originales de la gente de la antigüedad, pero hemos añadido grandes y maravillosas mejoras a sus experiencias.

Tengo que decir que siento una profunda deuda de gratitud por las personas del pasado que descubrieron, desarrollaron y utilizaron con éxito lo que ahora llamamos Vita Flex y terapia de color. Siento que, con todo este cúmulo de conocimientos integrados en un sistema completo y práctico, no necesitamos perder tantas horas de nuestro tiempo en largas y concentradas meditaciones. Con frecuencia nos hemos dado cuenta de que con unos pocos minutos de dispersión y relajación podemos alcanzar los mismos o mejores resultados que alcanzaríamos con largos períodos de meditación.

Cuando usted se sumerja en la experiencia del yoga considere lo expuesto aquí arriba y utilice sólo lo mejor de los maestros de yoga. Lo mejor para usted puede ser difícil de encontrar, de modo que, mientras tanto, haga uso de lo que hay disponible y siga buscando.

William C. Finley ha ofrecido generosamente este capítulo sobre yoga traducido directamente del original en sánscrito. Lo presento con la convicción de que puede aportar mucho a su vida.

HATHA YOGA

El Hatha Yoga, una de las muchas ramas del Yoga, es la práctica o ejercicio de diversas posturas físicas estáticas llamados asanas, y del control de la respiración, llamado pranayama. Los asanas y el pranayama son dos de las ocho partes descritas en el astanga, o

Yoga de los ocho brazos, escrito originariamente en el más antiguo texto fundacional del Yoga, llamado *Los Yoga Sutras de Patánjali*. Hace miles de años, en la India, un hombre conocido tradicionalmente como Patánjali enseñaba un método científico de cultura física, emocional, mental y espiritual que le permitía al alma del hombre liberarse de su cubierta psico-física para alcanzar su pristina pureza y reunirse con Dios. Patánjali enumeró los ocho peldaños de su disciplina en el Samskrta, en el Sutra II (29): «Yama, niyama, asana, pranayama, pratyahara, dharana, dhyana y samadhi son los ocho brazos.»

Existen cinco yamas o reglas de autocontrol:

1. *Ahimsa*: No violencia en pensamiento, palabra y acción contra ningún ser viviente.
2. *Satya*: Veracidad.
3. *Asteya*: No robar.
4. *Brahmacarya*: Continencia.
5. *Aparigraha*: No posesividad, desapego.

Y existen cinco niyamas u observancias para cultivar virtudes positivas:

1. *Sauca*: Pureza de cuerpo, emociones y mente.
2. *Samtosa*: Alegría, ecuanimidad y tranquilidad
3. *Tapas*: Austeridad, fuerza de voluntad y autodisciplina
4. *Svadhyaya*: Estudio de las escrituras y la filosofía
5. *Isvarapranidhana*: Sumisión a la voluntad de Dios

Estas diez reglas y observancias son los preceptos morales y el fundamento ético que ha de estudiar, aprender y seguir un yogui con el fin de extraer la atención, lenta y metódicamente, del desorden y la algarabía emocional y mental del mundo, para poder crear así un ambiente interior de calma como preparación para la meditación.

En el tercer peldaño, Patánjali prescribió una serie de asanas psico-físicas para preparar al cuerpo y a la mente para los largos períodos de meditación. El segundo tratado oficial del Yoga, el *Hathapradipika de Svatmarama,* daba sólo 15 asanas clásicos para realizar, en vez de los legendarios 84. Svatmarama decía en el Sutra I (17): «Los asanas dan entereza, salud y ligereza.»

El cuarto brazo, el pranayama, el control y la regulación de la inspiración, la retención y la expiración del aliento, sólo puede hacerlo el estudiante bajo la guía de un maestro competente, después de muchos años de realizar asanas y de llevar una dieta estricta de la que se excluyan la carne, el pescado, el pollo y los huevos. Con esto se purifica la mente y se prepara al cuerpo para la meditación.

Después de estas cuatro fases preliminares de cultivo moral y cultura física, que ayudan a eliminar las causas externas de distracción, la mente está preparada para los ejercicios de concentración.

El quinto peldaño, llamado *pratyahara,* es la retirada consciente de la mente, o la extracción de la atención, de los sentidos y sus objetos.

Dharana es la concentración, fijar o sostener la atención en un lugar u objeto.

Dhyana es la contemplación, la concentración intensa en un flujo de atención indestructible sobre ese lugar o ese objeto.

Samadhi, el octavo y último peldaño, es el estado de intensa contemplación en el que la atención se funde o unifica con el lugar u objeto, y deja de ser consciente de sí misma. Es un estado extraordinario de completa absorción en donde la conciencia se ha desembarazado de las fluctuaciones mentales.

Samyama, la práctica simultánea de *dharana*, *dhyana* y *samadhi*, va elevando los estadios de luz, poder, conocimiento y vibración o consciencia superior.

Patánjali definió nueve variedades de *samadhi* mental, que culminaban finalmente en una retirada sistemática de la atención del mundo físico, lo cual permitía al yogui concentrar a voluntad la atención en su interior. La verdadera definición y el objetivo real del sistema de Yoga de los ocho peldaños de Patánjali consiste en esto. Patánjali dijo en su famoso Sutra I (2): «El Yoga es el control de las ondas mentales». El propósito total de los ocho brazos originales de Patánjali era el control directo o indirecto de la mente mediante un continuo autocontrol y disciplina. El yogui permanecía entonces dentro de las leyes naturales de la salud física, emocional y mental, que de forma automática creaban un ambiente interno tranquilo, elevaban su nivel vibratorio, y le preparaban para la meditación. Para estas ocho fases se asumía que era necesario un maestro competente.

Después de esto, el yogui entraba en los estadios iniciales de la meditación espiritual superior. En este punto se detienen las enseñanzas del *Yoga Sutra* y el yogui era instruído en la técnica de la meditación espiritual (que siempre se transmitió de forma oral y no escrita) por parte de un gurú vivo de su época. Se le enseñaba cómo abandonar el cuerpo a voluntad para lanzarse a los viajes espirituales por los planos superiores.

Gradualmente, a lo largo de siglos, después de la obra original de Patánjali, estuvieron en boga muchos sistemas fragmentarios de Yoga. En la actualidad, podemos encontrarnos una vertiginosa cantidad de prácticas diferentes, tales como el laya yoga, karma yoga, sakti yoga, kundalini yoga, mantra yoga, bhakti yoga, yantra yoga, dhyana yoga, raja yoga, jnana yoga, samadhi yoga, etc. Determinados personajes o escuelas se concentraron o dieron mayor importancia a uno de los brazos del octuple sendero original en detrimento de los demás. Y de esta forma, gran parte de la enseñanza original del Yoga se perdió, por lo que el estudiante actual debe de buscar larga e intensamente para encontrar a ese raro y competente maestro de Yoga, o adepto vivo.

Para cumplir con los objetivos de este libro, nos vamos a centrar principalmente en los asanas psicofísicas y en la dieta del Hatha Yoga, que tienen un saludable efecto paralelo en el organismo. Al igual que la dieta purificadora y el Vita Flex, la dieta y los ejercicios yóguicos realizados aún durante un corto período de tiempo procuran salud, limpieza y una vibración superior.

Los asanas psicofísicas afectan tanto al cuerpo como a la mente, y se clasifican generalmente en ejercicios meditativos y culturales. En su origen, los asanas meditativas, tales como las conocidas variantes de piernas cruzadas del loto y las posturas de rodillas, eran posiciones estáticas utilizadas tan sólo para los largos períodos de meditación. Sólo mucho después, en la época medieval, se desarrollaron los asanas culturales con el fin de tonificar el cuerpo y ayudarles a aquellos que tenían cuerpos débiles a mantener por más tiempo las posturas meditativas. Los asanas culturales generaban un estado psicofísico que llevaba a una mejoría en la salud y a la ejecución de las posturas meditativas. Con el paso de los siglos, los ejercicios gimnásticos únicos del Yoga se sistematizaron y se confundieron con el mismo Yoga. En vez de considerárselas por su función fortalecedora del cuerpo, con el objetivo de que el yogui pudiera meditar durante períodos más prolongados, los asanas se convirtieron al final por sí mismas en la práctica real del control mental del Yoga, mientras que la progresión hacia la meditación espiritual fue socavada, distorsionada y, por último, olvidada.

Posteriormente, sin embargo, se hizo evidente que los asanas culturales tenían una influencia muy acusada en la salud, mostrando un claro efecto correctivo y curativo en diversos trastornos y alteraciones del cuerpo. Se descubrió que los asanas culturales eran capaces de relajar, eliminar la fatiga, soltar las articulaciones, mejorar la circulación y la asimilación, disipar el estrés y la tensión, aumentar la flexibilidad de la columna, estimular el sistema nervioso, incrementar el flujo de energía en el cuerpo físico y en los cuerpos sutiles, disolver los bloqueos de energía sutil, reconstruir y tonificar la estructura muscular, especialmente en la zona de la columna, para mejorar la postura y el equilibrio, masajear las vísceras de la pelvis, e incrementar la concentración poniendo a la persona en contacto consciente con su sistema nervioso.

Una breve rutina de veinte minutos diarios, especialmente para personas que hacen muy poco ejercicio por sus ocupaciones sedentarias en oficinas y ciudades, es suficiente para recibir del Yoga todos estos beneficios. Los nueve asanas que exponemos a continuación se deberían de hacer suave y lentamente, de manera firme pero sin sacudidas. Hechas regularmente y con perseverancia, pueden proporcionar esta rutina diaria mínima. Los asanas culturales tienen más de ejercicios estáticos que de rápida y dinámica gimnasia occidental. La naturaleza de los ejercicios yóguicos es diferente debido a que actúa más sobre los nervios que sobre los músculos. Las posturas deberían de ser en todo momento estables y confortables. Su práctica no debe de generar nunca una tensión excesiva ni dolor. Estas posturas lentas de estiramiento controlado se deben de aprender gradual y progresivamente, tan sólo bajo la atenta mirada y guía de un buen maestro de Hatha Yoga. Hay muchas formas de hacer asanas incorrectamente, y sus beneficios se pueden multiplicar teniendo un buen maestro.

I. Savasana (postura del cadaver): «Tendido supino sobre el suelo como un cadaver es savasana. Aleja la fatiga y proporciona relajación mental.» (H.P.I - 32). Postrado en un estado de alerta controlada o consciencia relajada, es el ejercicio más importante del Hatha Yoga. Es sencillo de comprender, pero difícil de hacer. Una relajación voluntaria y consciente es difícil de conseguir, pero muy importante en nuestro mundo actual lleno de tensión y de estrés. Savasana, hecha correctamente, es excelente para todo el mundo, especialmente para pacientes coronarios y para aquellos otros que padecen trastornos psicosomáticos.

II. Viparita karani (postura invertida): Ésta es una variación de la postura sobre los hombros, con los pies en el aire y la zona del sacro apoyada en las manos. Esta posición invertida se debería de hacer progresivamente, forzando un poco más cada día. «Sólo se puede aprender bajo la instrucción de un maestro.» (H.P. III - 78, 80). Esta postura es buena para la circulación y la visceraptosis, el desplazamiento y la disfunción de los órganos pélvicos y abdominales.

III. Halasana (postura del arado): Ésta es una postura curvada hacia adelante que estira sistemáticamente la columna a partir del inicio del movimiento en posición tumbada. El arado se debe de hacer también con cuidado, paso a paso, bajo supervisión. Halasana facilita la flexibilidad de la columna, desde el sacro hasta las vértebras cervicales.

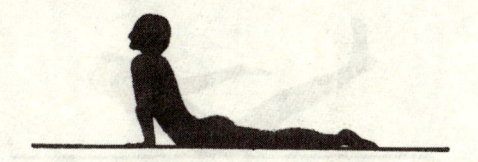

IV. Bhujamgasana (postura de la cobra): La cobra es una flexión hacia atrás de la espina dorsal, desde las caderas hasta la cabeza. Es buena para fortalecer los músculos de la espalda a todo lo largo de la columna y para tonificar las vísceras.

V. Salabhasana (postura de la cigarra): Es un complemento de la postura de la cobra, dado que es otra flexión posterior de las caderas y los pies. La cigarra fortalece la región lumbar y los músculos de las piernas. Previene y alivia los dolores y achaques de la parte baja de la espalda.

VI. Vakrasana (torsión espinal): Consiste en una ligera torsión de la columna en posición sentada. Afloja, alarga y estira los músculos y los ligamentos de la espina dorsal, manteniendo la columna flexible y libre de fijaciones.

VII. Naukasana (postura del bote): Estando sentado, las piernas y el tronco se elevan unos 30 grados con respecto al suelo, con los brazos paralelos a éste. La postura del bote es buena para tonificar y eliminar grasas de la zona abdominal.

VIII. Dhanurasana (postura del arco): Consiste en una flexión completa de la espalda, como consecuencia de combinar las posturas de la cobra y de la cigarra, realizada sobre el estómago mientras se sostienen los tobillos con las manos. Es excelente para fortalecer y tonificar los músculos de la espalda, como masaje abdominal y para la asimilación y el exceso de peso.

IX. Pascimatanasana (postura de estiramiento posterior): Es una relajante flexión hacia adelante desde la posición de sentado, aguantándose las manos en las piernas o en los pies, tan hacia adelante como sea posible. Esta posición fortalece los músculos de la espalda y la región lumbar. Es buena para aliviar la ciática, para estimular los órganos abdominales y para eliminar el exceso de grasa del estómago y las caderas.

Existen otras muchos asanas con sus correspondientes variaciones, pero estos nueve ejercicios básicos llevan a la columna vertebral a recorrer toda la gama de movimientos naturales, con lo que se provoca un saludable efecto en todo el organismo. Para obtener los mejores resultados hay que seguir el orden que se marca aquí en la realización de los asanas. Por otra parte, todas las rutinas del Yoga deben de comenzar con un minuto o más de savasana, seguido de otro minuto de savasana después de cada postura, y se deben de finalizar con cinco minutos de savasana.

Baste esta breve descripción para que los beneficios de un programa mínimo de ejercicios de Yoga, aprendidos con un buen maestro, proporcionen al estudiante serio las necesarias virtudes de la firmeza, la ligereza y una buena salud.

Capítulo IV

Problemas y Necesidades Especiales

Sugerencias útiles

Entre las siguientes sugerencias se incluyen algunos de los auxilios más sencillos y naturales, ayudas que resultan sumamente beneficiosas para la corrección de diversos problemas menores que pueden aparecer en cualquier momento de nuestras vidas.

Aceite de clavo

El aceite de clavo es inapreciable en muchos aspectos. Es especialmente bueno para cánceres de piel, verrugas y granos. Se aplica con el dedo una pequeña cantidad sobre verrugas y granos. Espere unos instantes, raspe la parte superior y vuelva a aplicar aceite. Repita el proceso varias veces al día, hasta que la verruga o el grano desaparezcan. Haga lo mismo con el cáncer de piel. Esta clase de manchas no vienen causadas por un virus, sino que son una especie de hongos que crecen nutiéndose de las secreciones eliminativas ácidas de la piel. (Nuestra dieta evita desde el principio la aparición de estos trastornos).

El aceite de clavo elimina el dolor en los siguientes casos:

Utilice una pequeña cantidad sobre las encías para el dolor de muelas, y en las partes inflamadas o llagadas de la boca. Utilícelo con las úlceras malignas de la boca.

Para picaduras o mordeduras de insectos (avispas y mosquitos, por ejemplo), rasguños, pequeñas quemaduras y llagas de cicatrización lenta. Es un excelente desinfectante. Extrae las espínulas de la ortiga y del roble venenoso.

Utilice el dedo para poner una pequeña cantidad sobre la lengua para la inflamación o el picor de garganta.

Para aquellos que desean dejar de fumar –cada vez que sienta el deseo de fumar–, ponga con el dedo una pequeña cantidad sobre la lengua y podrá comprobar cómo de inmediato desaparece el deseo de fumar. Es la forma más sencilla, si realmente quiere dejar de fumar.

RON DE LAUREL

El ron de laurel es una estupenda loción para después del afeitado, pero aparte de eso es sumamente beneficioso en multitud de situaciones. Para infecciones, irritaciones y comezón en el interior del oído, imprégnese en la solución un algodón y colóquese en el oído. El alivio es inmediato. Utilícese tan a menudo como sea necesario, puesto que no tiene efectos secundarios.

Para la caspa y el picor en la cabeza –utilícese directamente, frotando el cuero cabelludo.

Para todo tipo de irritaciones en la piel es muy eficaz, además de traer alivio inmediato a las zonas irritadas de las ingles.

Úselo como astringente para la cara y la nuca –es muy refrescante. También proporciona alivio en pieles agrietadas y quemadas por el sol.

Alcanfor y cubos de alcanfor

Cuando se dé un baño en la bañera, ponga dos cubos de alcanfor en el agua. Suaviza la piel y alivia el picor.

El linimento de alcanfor es excelente para músculos cansados y doloridos. Es un superacondicionador de la piel. Alivia el picor y el dolor por las picaduras de insectos.

El alcanfor es un magnífico inhalante. Aclara la cabeza.

Aceite de castor

El aceite de castor es muy bueno para granos, verrugas y otros problemas de piel.

Aceite de coco

El de coco es uno de los mejores aceites que existen para la piel. La suaviza, le quita las arrugas y le da cuerpo. Previene los daños en la piel provocados por el sol y el viento, y resulta muy eficaz para las infecciones y en los cataplasmas.

Miel

Mientras que la miel es más perjudicial que beneficiosa en su uso interno (ver página 57), es especialmente positiva en muchos trastornos externos. Cura muchas clases de dolencias, y resulta muy buena para las infecciones y en los cataplasmas.

Crema de osage[1]

Es un producto comercial excelente para la piel y los músculos cansados y doloridos. Es muy refrescante, por lo que resulta ideal como loción para después del afeitado. En días calurosos, hágase una friega con una pequeña cantidad sobre la cara y la nuca. El frescor es inmediato.

Aceite de menta

El aceite de menta es excelente para los dolores de cabeza. Aclara los senos faciales y descongestiona los conductos respiratorios con una agradable sensación de frescor. Póngase una pequeña cantidad en la mano, frote las palmas entre sí y después inhale por la nariz y la boca durante unos instantes. Después, coloque las manos sobre la frente y detrás de la cabeza. Es muy refrescante, y muy útil en casos de fiebre. Una pequeña cantidad de menta, frotada dentro de la boca con el dedo, deja la boca fresca y con buen aliento.

---

1 Osage orange: árbol americano *(Toxilon pomiferum).* (Nota del Traductor)

Gaulteria

El verdadero aceite de gaulteria es mejor que el sintético, de manera que, en la medida de lo posible, debe de utilizar aquel. El sintético funcionará, pero no tan bien.

Alivia el dolor en verrugas y granos. Es un producto excelente para articulaciones y músculos cansados y doloridos. Genera mucho calor, por lo que incrementa la circulación.

Hamamelina (Hazelina)

Es un astringente excelente, así como un buen acondicionador de la piel. Es una loción natural para aplicar después del afeitado. Alivia con rapidez la piel irritada de todo el cuerpo.

Vinagre

El vinagre puro de manzana ácida es un antibiótico natural, sencillo y seguro. Se puede aplicar tanto en uso interno como en uso externo. Si se utiliza sobre el exterior, se puede hacer con toda su fuerza. Si se utiliza en el interior, debe de ser diluído.

Pie de Atleta: Con cuatro o cinco días de uso frecuente en los pies será suficiente para hacer desaparecer el problema. Utilícelo periódicamente a partir de entonces para evitar que vuelva. Funciona más rápido que otros medicamentos.

Manos Agrietadas: Cualquier alteración por hongos en las manos o en otras partes del cuerpo, se corrige con rapidez con el vinagre, aplicado directamente.

Caspa: Vinagre aplicado directamente sobre la cabeza. Elimina la caspa rápidamente.

Tiña: (sobre cualquier parte del cuerpo): En muchas ocasiones, el vinagre se encarga de detenerla, pero hay veces en que se hacen necesarios métodos más potentes. Para estos casos, el aceite puro de menta funciona bien. Si no se puede conseguir este aceite, hay un producto comercial llamado «Heet» que funciona bastante bien. Cuanto más frecuentemente se apliquen estos productos, antes desaparecerá la alteración.

Garganta Irritada: El vinagre con agua –mitad y mitad– es excelente en la forma de enjuagues o gárgaras para la irritación de garganta y para cortar la mucosidad. Es también muy bueno para llagas, infecciones o inflamaciones en la boca.

Indisgestión o Gases: 2 cucharadas medianas de vinagre en un vaso de agua; se puede ingerir durante la comida o después, en cualquier momento. Utilice la misma dosis para detener la disentería o la diarrea –una toma cada hora hasta que el trastorno desaparece. Sin embargo, la diarrea puede ser útil para limpiar y eliminar el exceso de toxinas del cuerpo. No tenga prisa en detener los procesos naturales del organismo en lo tocante a su limpieza o purificación.

Usos caseros: El vinagre se puede aplicar para desatrancar un cerrojo oxidado o corroído.

Para desatascar las cañerías del agua eche media taza de bicarbonato sódico por el desagüe, y luego eche medio vaso de vinagre. Tape el desagüe durante un minuto.

Dos cucharadas soperas de vinagre y otras dos de

sirope de arce por litro de agua hacen que las flores cortadas aguanten más sin marchitarse.

Media taza de amoniaco y 3 cucharadas soperas de vinagre por litro de agua caliente son excelentes para lavar ventanas sin que queden películas o rayas.

Masaje acondicionador para la piel

Todos estos aceites y soluciones diferentes se pueden unir para hacer el mejor de los masajes que uno pueda conseguir. Cada ingrediente complementa y ayuda a los demás para trabajar de forma notable en cualquiera de las situaciones expuestas anteriormente.

En un recipiente de cuatro o cinco litros poner:
Medio litro de ron de laurel.
Medio litro de hamamelina.
100 grs. de crema de osage.
2 cucharadas soperas de linimento de alcanfor.
1 cucharada sopera de aceite de clavo.
10 grs. de aceite de menta.
10 grs. de aceite de gaulteria.
30 grs. de aceite de castor.
60 grs. de Heet (un producto comercial).
120 grs. de una buena crema para las manos y el cuerpo.
Litro y medio de alcohol para friegas.
30 grs. de vinagre de manzana ácida.
30 grs. de eucaliptos.
Un litro de agua.
60 grs. de miel (opcional).

Mézclese todo y utilícese directamente en cualquier momento para la cara y la piel como un buen tónico refrescante. Estos ingredientes se pueden encontrar en farmacias o en tiendas de suministros para cosmética y peluquería.

El abuso de las drogas

Descender al fondo del abismo es la forma más dura de darse cuenta de que ese no era el sendero de la felicidad celestial del que tanto había oído hablar uno. Mucha gente joven ha buscado el «samadhi instantáneo» a través de las drogas, sólo para descubrir demasiado tarde que era un camino estéril. Las numerosas «clínicas de drogodependientes» y «centros de rehabilitación», donde se dedican a recomponer los pedazos de jóvenes destrozados y fragmentados, son un símbolo de nuestra época.

La necesidad de drogas de cualquier clase se ha exagerado enormemente. El sobredesarrollo, la elaboración y la venta de estos compuestos ha generado sistemáticamente un mundo de adicción innecesaria. La libertad con la que se usan estos productos supera todo lo imaginable.

En gran medida, el uso de drogas ha sido mínimo a lo largo de la historia. Le tocó a la química y a la medicina moderna, y a la insaciable necesidad de ganancias y poder, crear un monstruo de adicción y dolor. Las drogas, que se utilizaban para aliviar el sufrimiento, crearon a través de la adicción más miseria y sufrimiento.

No queriendo ser dejados de lado, las jóvenes generaciones lo han tomado incomprensiblemente todo, y cualquier cosa que caía en sus manos era para considerarla como algo grande. No teniendo más sentido común o control que los adultos, han destrozado sus cuerpos y sus mentes. El número de crímenes, robos y muertes ha crecido sin cesar con el incremento en el uso de estas drogas.

El desquite o la devolución de golpes a nuestros padres y al mundo de los adultos en general, por sus imperfecciones y falta de comprensión, es la dura manera de evidenciar este punto, y sólo añade más problemas a las partes implicadas. ¿Debe uno involucrarse en la debilidad y la depravación de la sociedad adulta en su perfectamente justificable búsqueda de la libertad?

El precio que estamos pagando por este abuso ha ido más allá de lo que podemos pagar y de aquello con lo que podemos vivir. Hay que cambiar el rumbo. El desarrollo, crecimiento y elaboración de estos inútiles adictivos debe de ser eliminado de nuestra sociedad, si en verdad deseamos hacer un mundo mejor en el cual vivir. Sólo cuando lo engendremos, podremos tener la esperanza de vivir en un mundo mejor.

Cualquier posible bien que las drogas puedan ofrecer, pueden multiplicarlo y mejorarlo fácilmente los sencillos métodos naturales. Si estas drogas no fueran elaboradas y distribuidas por personas sin escrúpulos del mundo de los adultos, no habría forma posible de que nuestros hijos las consiguieran.

Ha llegado el momento de que las generaciones jóvenes revisen completamente la situación. Los más jóvenes y los más llenos de vida tienen la obligación de traer los cambios que necesita nuestra sociedad. ¿Por qué esperar a la siguiente generación? Toda esta renovación creadora no puede conseguirse revolcándose en la inmundicia que crearon las viejas generaciones. No permitas que el ansia de dinero y poder de alguien cause tu ruina.

Las drogas no le acercan más a uno a Dios, ni le liberan de sus imaginarias cadenas. A medida que los efectos de las drogas se disipan, los viejos problemas reaparecen sin resolver y se suman otros nuevos. Las drogas separan el cuerpo psíquico del físico, y al alma le resulta más difícil mantener su salud si el cuerpo físico está enfermo con las drogas. Mientras el cuerpo psíquico está fuera del cuerpo físico se corren grandes riesgos. Los controles de protección desaparecen, dejando abierto el cuerpo a fuerzas destructivas o a entidades espirituales inferiores.

Al dejar el cuerpo bajo estas condiciones adversas, nuestra psique entra en un mundo imaginario de ilusiones o cae al fondo del abismo de la confusión. Cualquier cosa que ocurra allí puede destruir al cuerpo físico y dejarnos encallados en el mundo de la confusión, con lo que se retrasará nuestro viaje hacia los reinos superiores del ser. El Cielo, Dios, o las cosas más hermosas de la vida, no se encuentran en la narcosis y la supresión del cuerpo físico.

El camino de las drogas es, con toda seguridad, el camino más duro para encontrarse con la realidad. El mantener el cuerpo y la mente libres del degradante efecto de las drogas da alicientes para avanzar con más rapidez hacia la forma de vida que más deseamos.

Capítulo V

El Milagro de la Luz y el Color

La historia de la sanación con el color es dilatada y emocionante. Los resultados de la utilización del color son tan convincentes que uno no tiene más remedio que llegar a la conclusión de que todas las sanaciones comienzan y terminan por el color.

Los datos obtenidos en las pirámides revelan que entre los antiguos egipcios ya se utilizaba la sanación por el color, y parece que su sistema llegó a estar tremendamente avanzado y que consiguieron excelentes resultados.

La sociedad Rosacruz, con su elevado conocimiento de enseñanzas esotéricas, ha estado utilizando el color satisfactoriamente desde el siglo XV.

A finales del siglo XIX, el doctor Edwin D. Babbitt escribió *The Principles of Light and Color*. Su obra, la primera contribución importante en tiempos modernos, hablaba de las excelencias de la sanación por el color hace casi un siglo.

A principios del siglo XX, el coronel Dinshah Pshadi Ghadali desarrolló la sanación por el color hasta un grado excepcional.

A pesar del amplio desarrollo y del éxito del color en la sanación, las autoridades médicas ortodoxas se han negado una y otra vez a reconocer su valor y han perseguido a aquellos que se decidieron a usar y a poner a disposición de otros sus conocimientos en este campo. Sin embargo, la rápida expansión de la terapia de color por todo el mundo ha continuado, a pesar de todos los intentos por detenerla. Y es que la verdad no puede ser negada.

Los escritos de Edgar Cayce proporcionan más evidencias en la línea de que el color tiene muchas cualidades curativas.

Sin querer hacer una enumeración exhaustiva de autores y títulos, podemos apuntar alrededor de una docena de obras significativas sobre la terapia del color, a lo largo de este siglo, que demuestran con abundancia de datos que hay mucho más en el color que algo simplemente bonito de ver.

La gran cantidad de escritos, resultados y conclusiones son tan impresionantes como para justificar un esfuerzo definitivo de investigación sobre este sistema de sanación tan eficaz. De hecho, la amplia investigación y la experiencia acumulada durante tantos años con casos reales de todos los tipos han llevado a la terapia de color a alcanzar elevadas cotas de eficacia y simplicidad. Durante todos los años en que se ha ido desarrollando, los resultados han estado demostrando constantemente que el color es superior en todos los aspectos a cualquier tipo de medicación, inyecciones, quimioterapia o cirugía, amén de no tener en absoluto efectos secundarios perjudiciales.

Los constantes éxitos en miles y miles de pacientes y estudiantes de todo el mundo son tales que no se le puede negar ya a las personas el derecho a utilizar el color para la sanación. Este trabajo debería de promocionarse y de enseñarse para que mucha más gente tuviera la oportunidad de beneficiarse con lo que este sistema ofrece.

Einstein dice que la materia son ondas de luz en movimiento. Todos los colores representan la energía de las ondas de luz en movimiento, vibrando en longitudes diferentes y mensurables.

Absolutamente todo tiene colores, tonos y formas por sí mismo. Cada tono de color creado, y los pensamientos asociados con él, se convierten en algo vivo que tortura al hombre o lo exalta en función de su uso o abuso de las leyes naturales. Los colores son vibraciones de la creación. El color es el resultado de la acción química. El color genera acción química y materia.

Tanto si son conscientes de ello como si no, los que practican cualquier sistema de curación deben de saber que todos los sistemas dependen del color, y de la actividad química que produce el color en el organismo, para conseguir cualquier tipo de cambio en las funciones corporales. Incluso en los medicamentos se encuentran presentes los colores. Los productos químicos de los que están compuestos estos fármacos contienen compuestos y óxidos minerales. Cuando el fármaco entra en el cuerpo, el color se convierte en parte del proceso de digestión, ingestión y oxidación. El poder de la luz blanca en forma de color debe de estar presente en todo momento o la medicación será inútil. Una gran desventaja del color recibido a través de los fármacos son los muchos y peligrosos efectos secundarios que conlleva su uso.

El ejercicio, el masaje, la manipulación, los baños calientes de aguas minerales, y otras formas de estimulación dependen también de la acción química del color para sanar y reconstruir.

El proceso de digestión y asimilación de alimentos genera colores a partir de los distintos elementos de la comida. Donde quiera que haya una deficiencia de minerales o vitaminas, existirá también una deficiencia en el color del aura. Estos colores son visibles para mucha gente, y recientemente se han diseñado equipos que permiten también a los demás ver el aura.

Al utilizar el color para procurar correcciones y curación, la luz blanca se proyecta a través de filminas de distintos colores sobre el cuerpo, con el fin de reforzar o de contrarrestar las emanaciones de color del cuerpo.

Se puede poner un sencillo ejemplo de esto. Cuando una persona ha resultado quemada (de primer, segundo o tercer grado) o tiene fiebre elevada, existe un exceso de rojo, que es el hidrógeno. Esto se puede contrarrestar proyectando luz azul, que es el oxígeno. El oxígeno y el hidrógeno se combinan produciendo agua –transpiración. En el caso de una persona quemada, todo el dolor desaparece en una hora, y una curación completa sin cicatrices lleva aproximadamente 20 días. Esto se ha demostrado una y otra vez, y lo puede reproducir cualquiera que este dispuesto a ello.

El color es el principio activo de todas las vitaminas. Más abajo hay una lista parcial de aquellas vitaminas que son las más conocidas por ser también las más requeridas por el organismo. Otras vitaminas están presentes en otros colores, pero la investigación no está lo suficientemente avanzada como para comprender la necesidad de los demás. La terapia de color sustituye la necesidad de píldoras y fórmulas con vitaminas adicionales. Resulta muy interesante que las vitaminas fueran descubiertas por el color que tiene cada una de ellas.

La vitamina A es amarilla.
Todas las vitaminas B están presentes en los colores naranja y rojo.
La vitamina C es color limón.
La vitamina D es violeta.
La vitamina E se encuentra en el escarlata y el magenta.
La vitamina K es índigo.

La luz blanca, sea solar o artificial, contiene todos los colores, tal como se ve en el arco iris (o como se puede ver con un prisma normal). Los verdaderos colores primarios del blanco son el rojo, el verde y el violeta. Los colores secundarios son el amarillo (la combinación del rojo y el verde) y el azul (la combinación del verde y el violeta). Combinando de diversas maneras estos cinco colores se producen otros siete colores más, con lo que se tiene un total de doce. (Ver Figura 55).

Mediante la aplicación científica del color al organismo, introducimos en él una energía natural que le capacita para eliminar los desechos y las congestiones. Al mismo tiempo, el color puede reparar virtualmente cualquier clase de daño debido a lesiones o enfermedades.

La aplicación científica del color es uno de los mayores recursos naturales de curación, y los resultados obtenidos por este medio han sido poco menos que milagrosos.

Verdaderamente, la ciencia divina de la sanación por el color es un milagro de simplicidad. No es una rareza ni una ilusión. Tiene que ver con las fuerzas vibratorias superiores de la naturaleza a través de la fuente de todo poder –la luz.

Dado que son los rayos visibles del sol los que se

utilizan con fines curativos, se podría suponer que el tomar baños de sol desnudos es la más práctica de las soluciones. Esto parece lógico, pero no es suficientemente razonable. ¿Si usted creyera en la medicación con fármacos, iría a la farmacia cuando estuviera enfermo para hacer una combinación de todas las medicinas del establecimiento con el fin de tomárselo todo de una vez? ¿O compraría sólo lo que piensa que necesita?

Es más razonable tomar nada más el corrector que necesita en el momento en que lo necesita. En la aplicación científica del color, proyectamos sólo lo que necesitamos y en el momento en que lo necesitamos. Aún cuando fuera factible utilizar los rayos del sol directamente, no siempre se puede tener el sol cuando uno más lo necesita. Hay muchos días en que no llegamos a ver el sol (¡y no hablemos de las noches!). Si usted de repente se pone enfermo a altas horas de la noche, y necesita ayuda con premura, no creo que la respuesta sea esperar hasta que salga el sol por la mañana. Además, también hay muchos días en que hace frío –demasiado frío como para yacer desnudo mucho tiempo bajo el sol.

Si todo funciona exactamente bien en usted, puede resultarle muy positivo el sol –especialmente si su piel está curtida y le protege de los rayos perjudiciales. Posiblemente, los rayos invisibles y destructivos harían daño antes de que pueda tener lugar la curación a través de los rayos visibles. Pero si todas las condiciones expuestas hasta aquí son las correctas y todo esto se acompaña con un poco de transpiración, la luz blanca se fragmentará en sus distintos colores y el cuerpo utilizará sólo aquellos que necesite y rechazará los que no. Nuestros cuerpos tienen la facultad de elegir sólo el color que necesitan del sol, si no nos encontramos demasiado mermados.

También es importante conseguir todos los elementos necesarios de nuestra alimentación. Las plantas están gobernadas por las mismas leyes naturales que lo gobiernan todo, y tienen la facultad de agarrar sólo el color y los elementos químicos que necesitan, si se encuentran presentes en el suelo y en el aire en el que viven. Si una planta enferma debido a una falta de minerales o de agua, el sol no puede hacerle nada bueno. Hacen falta todos y cada uno de los elementos naturales para que la planta –o el ser humano– pueda mostrarse saludable. Cada vegetal, fruta y flor tiene su propio color. Los elementos químicos y los minerales se encuentran allí debido a la acción del color en los rayos del sol. Claro está que los minerales y el agua tienen que estar en el suelo y en el aire, o de lo contrario los colores no podrán hacer que la planta crezca.

Si no podemos utilizar los rayos del sol directamente, deberemos buscar otras fuentes de luz blanca y de colores para ayudarnos en el proceso de sanación.

En el campo de la sanación por el color, no hace falta pensar en términos de varios miles de nombres de enfermedades. El nombre no es importante; no curará nada. Demasiado tiempo y errores se han empleado en determinar el nombre y el tipo de medicación o procedimiento a seguir. La curación por el color simplifica todo el procedimiento. En realidad, no hay más que una enfermedad, a pesar del nombre que se le pueda dar. La enfermedad es la toxemia, tal como ya se enfatizó –la acumulación de toxinas o venenos en el cuerpo. Y se divide en dos clases: aguda y crónica. Todas las enfermedades agudas son enfermedades calientes; en otras palabras, hay fiebre. Todas las enfermedades crónicas son trastornos sin fiebre. Todo trastorno caliente (agudo) se corrige o equilibra con la utilización de colores fríos. Todo trastorno frío (crónico) se corrige o equilibra con la utilización de colores cálidos. Si existe alguna duda sobre qué color se debería de utilizar, comience con el verde, el color neutral.

Clasificación de los Colores
Calientes o Fríos

Calientes o Agudos	Neutros o de Apoyo	Fríos o Crónicos
Limón	Verde	Turquesa
Amarillo	Magenta	Azul
Naranja		Índigo
Rojo		Violeta
Escarlata		Púrpura

Indicaciones generales para el uso del color

Cada color tiene un efecto diferente sobre el organismo, aunque todos ellos están interrelacionados. Todos los colores trabajan juntos para aliviar, limpiar, construir y curar, y en ningún momento manifiestan efectos secundarios peligrosos. Lo único que puede suceder es que normalicen la situación, sin importar la duración de la exposición al color sobre el cuerpo, la cara o los ojos. Dado que, para hacer sus cambios, el color funciona a través del aura, ésta sólo aceptará la cantidad que necesite; al igual que ocurre con un cubo de agua, sólo aceptará agua hasta su borde, el resto se derramará. (La bombilla que se utiliza no es la de una lámpara térmica; es el color y no el calor lo que cura).

Si el proceso de disolución y eliminación de toxinas tiene lugar con demasiada rapidez, la persona puede llegar a sentir algún tipo de malestar. En ese caso, no es necesario detener el proceso, puesto que no se está haciendo ningún daño. Si se desarrollan estados agudos o mareos, se puede utilizar el turquesa para aliviar la situación de forma temporal.

Cada aplicación de color debería de durar una hora o más; después, espere durante dos horas o más antes de realizar la siguiente sesión. En casos de emergencia se puede aplicar en cualquier momento, de día o de noche, para conseguir el alivio deseado. En términos generales, con la posible excepción de quemaduras graves, no es necesario continuar la exposición al color durante varias horas en una sesión. Siempre es mejor permanecer alrededor de una hora bajo el color y dos horas o más fuera, puesto que conviene dar ocasión al cuerpo para que haga los ajustes necesarios. La exposición continuada durante horas posiblemente puede extraer más toxinas de las que los órganos eliminadores pueden sobrellevar en ese momento debido al estado de debilidad o a estar saturados de trabajo. No hará ningún daño, pero puede causar molestias. Incluso con los quemados, no hacen falta demasiadas horas una vez que el dolor ha cesado.

En la mayor parte de los casos usted utilizará los colores cálidos, pero los colores fríos tienen también muchas ventajas, por lo que se les puede utilizar de vez en cuando para relajar, tonificar y acondicionar los diversos órganos y los nervios.

Los tratamientos se pueden tomar en cualquier momento antes de comer, pero espere dos horas o más después de una comida. Sin embargo, si hubiera indigestión, el amarillo puede ayudar mucho en esa circunstancia.

El color es beneficioso al máximo si se aplica sobre el cuerpo desnudo. El ir cubierto con una sabana blanca aminorará los efectos. La luz habitual de la habitación no debe de interferir con el efecto del color, pero no lo utilice con luz del sol directa u otras luces potentes, puesto que disipará la fuerza del color. Tenga la habitación lo suficientemente caliente para evitar enfriamientos. Dado que la eficacia está en el color y no en el calor, la lámpara se puede poner a una distancia de entre uno y tres metros del cuerpo, colgada de la pared o sobre un pie adecuado a metro y medio por encima del cuerpo. Lo mejor es que la persona que recibe el color se encuentre en posición reclinada o sentada. Un eslabón giratorio sobre la lámpara permitirá la exposición sobre diferentes zonas.

Utilización de los doce colores

Rojo

La onda de mayor longitud en el espectro visible es el rojo.

Es la vibración de menor rango en el espectro visible.

Es la vibración que se relaciona con la agresividad y la conquista. Es una expresión de vitalidad, de nerviosismo y de actividad glandular. Es un color muy excitante.

Un rojo fuerte y claro en el aura indica fuerza, vigor y energía. Es también el color de la calidez, del amor y la ternura. La aplicación de este color estimula el sistema nervioso automático y el sistema circulatorio. El rojo oscuro es un color sensual, que construye y estimula los cinco sentidos. Es un color fuerte para la venta comercial. Es irritante y excitante.

Un rojo oscuro y apagado indica un fuerte temperamento, nerviosismo e inquietud. Un aura roja tenue y ligera indica a una persona nerviosa, impulsiva y centrada en sí misma, con muy pocas reservas de energía nerviosa.

El hombre evoluciona desde los bajos y densos tonos del rojo, a través de todos los colores del espectro, hasta los colores más elevados, al violeta.

Efectos sobre el cuerpo

Estimula y reconstituye el hígado.

Recompone los glóbulos rojos en el hígado, que son después almacenados en la médula de los huesos para hacer frente a cualquier emergencia o pérdida repentina de sangre.

Provoca pústulas –saca los venenos a la superficie de la piel para que sean eliminados.

El aspecto negativo del rojo es una actitud agresiva y beligerante, además de la inestabilidad unida a una fuerte urgencia sexual.

Naranja

El naranja es el color del éxito.

Efectos sobre el cuerpo:

Le ayuda a ampliar sus intereses y actividades.

Proporciona vida y salud gracias al incremento de oxígeno que genera por estimulación de los pulmones y la tiroides.

Deprime la acción de la paratiroides.

Estimula la producción de leche de las glándulas mamarias, con lo que se elimina la necesidad de leches animales y fórmulas artificiales. No existe nada que se pueda comparar con la leche de la madre, mientras se alimente con comidas adecuadas.

En caso de indigestión, provoca vómitos o estimula la acción en dirección opuesta.

Alivia de gases el aparato digestivo; alivia de convulsiones y calambres en todo el cuerpo. Es el más eficaz con el hipo.

Alivia los espasmos intestinales y activa el colon e intestinos perezosos.

Incrementa todo tipo de descargas y eliminaciones.

Aminora los dolores menstruales e incrementa las descargas.

Provoca pústulas, sacando furúnculos, carbunclos y abscesos.

Es un potente reconstructor pulmonar y un estimulante respiratorio. Cura todos los trastornos pulmonares.

La mayoría de las especias son de color naranja, y deben de utilizarse con moderación en la dieta. Contienen muchos elementos que pueden faltar en otros alimentos. Las pimientas negras y blancas no se deben de utilizar nunca, puesto que tienen una especie de veneno cumulativo. Otras especias actúan como laxantes y estimulantes suaves para el tracto digestivo.

AMARILLO

El amarillo es un color creativo.

Efectos sobre el cuerpo:

Estimula, activa, construye y proporciona una energía inagotable para la actividad motriz del cuerpo.

Genera confianza en uno mismo y coraje.

Deprime la actividad del bazo y de la paratiroides.

Aumenta el apetito.

Mejora la asimilación y la nutrición.

Estimula las glándulas linfáticas.

Fuerza la actividad motriz en todo tipo de parálisis y ataques agudos, así como en órganos perezosos.

Estimula y recompone los nervios.

Estimula y fortalece el corazón, mejorando la circulación.

Estimula el hígado y la vesícula biliar, mejorando las eliminaciones.

Destruye las lombrices y gusanos intestinales y los extrae del organismo. Los gusanos y los insectos huyen del amarillo.

Estimula y recompone el páncreas, mejorando el control del azúcar en sangre.

Estimula y recompone ojos y oídos.

Disuelve y ayuda en la eliminación de los depósitos de calcio y cal que provocan la artritis, la neuritis y trastornos similares.

El amarillo es un color que trae inspiración.

Limón

El color limón tiene más elementos que cualquier otro color.

Efectos sobre el cuerpo:

Es un modificador de trastornos crónicos –suelta, relaja y estimula los procesos eliminativos.

Su fósforo estimula y compone el cerebro, aclarando el pensamiento y haciéndolo más positivo.

Disuelve y elimina la mucosidad por todo el organismo.

Activa y disuelve las congestiones en el colon para su posterior eliminación.

Desprende y disuelve los depósitos de calcio y cal.

Activa el timo para acelerar y mejorar el crecimiento de niños con retraso.

Es un cimentador óseo. Repara con rapidez los huesos rotos y endurece los huesos blandos.

Es extremadamente eficaz en disolver y eliminar los habituales catarros.

El limón (la fruta) es el mejor de los alimentos para disolver y limpiar, incluyendo todas las ventajas del color limón y otros muchos más.

Es un color sedante, dado que alivia la tensión.

Verde

El verde es el color maestro. Es el punto de apoyo de los colores primarios y es clave a la hora de preparar al organismo para que los demás colores obtengan obtengan resultados más positivos

Efectos sobre el cuerpo:

Estimula la pituitaria, la glándula maestra.

Es el color vibrante de la vida y el crecimiento –el color predominante de la fuerza vital de nuestro planeta.

Es vigoroso, fresco y puificador por naturaleza.

Para todo el mundo sugiere el sentido del equilibrio y la normalidad.

Eleva las vibraciones del organismo por encima de las vibraciones de la enfermedad –una especie de inmunidad ante todo tipo de enfermedad.

Destruye y cura toda clase de infecciones. En los hospitales existen menos infecciones cuando está presente el verde.

Es el color de la claridad –destruyendo el material corrompido y recomponiendo células y tejidos. Se relaciona con el nitrógeno, la sustancia de la proteína, el cimentador de los músculos. Las proteínas animales son muy tóxicas y destructivas, por lo que no deben tener lugar en una nutrición creadora.

Muchos de los elementos que necesita el organismo son absorbidos del aire a través de los pulmones. Todos coinciden en que el oxígeno y el hidrógeno se toman del aire, pero pocos se dan cuenta de que también de él se toma el nitrógeno, que es el elemento con el que componemos las proteínas. Respirando aire fresco y comiendo frutas frescas y vegetales se hace completamente innecesario el aporte de proteínas animales.

El hábito de fumar evita que los pulmones absorban nitrógeno del aire, por lo que los fumadores empedernidos se ven obligados a consumir las tóxicas proteínas animales. Las plantas obtienen un gran porcentaje de su nitrógeno también del aire.

El verde es el color básico para todo tipo de trastornos, tanto crónicos como agudos. Comience todos los programas de trabajo con una o más exposiciones de color verde. Muchas disfunciones se disipan con tan sólo este color.

El verde disuelve los coágulos de sangre en cualquier parte del cuerpo o de la cabeza, y puede hacerlo en menos de una hora. No existe nada en medicina que funcione con tanta rapidez. Los fármacos que se utilizan para resolver estos problemas tienen muchos efectos secundarios perjudiciales, mientras que la aplicación de color verde no tiene ningún tipo de efectos secundarios.

El color principal utilizado con el cáncer es el verde. El cáncer se alimenta de los desechos y de las materias corrompidas del organismo. Cuando se sacan de él todos estos desechos, dado que el cáncer no puede alimentarse de tejidos sanos, el tumor se abre y sale del cuerpo de una forma absolutamente inocua. El temor al cáncer está enormemente exagerado, hasta el punto de que este miedo mata a más personas que el cáncer mismo.

Un organismo limpio y saludable no puede generar nunca un cáncer.

Los resultados de la aplicación de verde sobre heridas abiertas, cortes, magulladuras y piel deteriorada son verdaderamente increíbles.

Utilice el verde para las quemaduras, junto con el turquesa para recomponer los músculos y los tejidos, y para restablecer la piel sin que queden cicatrices. (Ver a continuación los apuntes sobre el turquesa).

Turquesa

El turquesa es un modificador de trastornos agudos, para todo tipo de males o dolencias repentinas. En caso de infección, utilice el turquesa después del verde.

Efectos sobre el cuerpo

Emplee el turquesa para la reconstrucción de la piel dañada en el grado que sea por quemaduras, excoriaciones, heridas e infecciones. El dolor de las quemaduras desaparece normalmente en una hora. La curación completa de quemaduras de tercer grado tiene lugar en menos de tres semanas, sin dejar ningún tipo de cicatriz. Utilice aceite de coco en la zona quemada para que se mantenga suave.

Todas las fiebres, no importa su nombre, vienen provocadas por una misma causa y responden rápidamente –normalmente en una hora. Tonifica y revitaliza con rapidez en estados de fatiga generados por venenos. El trabajo, el juego y el ejercicio producen estos venenos a medida que se destruyen células y tejidos, haciendo que aparezca el cansancio. El turquesa es refrescante y relajante –especialmente en casos de jaqueca y tensión.

Viene bien para las irritaciones, inflamaciones y comezón.

Tiene efectos depresores sobre la mente y el cerebro, siendo especialmente útil para dormir, por lo que se recomienda en lugar de los somníferos. Es un sedante suave, sin efectos secundarios.

Azul

Efectos sobre el cuerpo:

El oxígeno (azul) se une o capta al hidrógeno (rojo) para incrementar la transpiración, con lo que se combate la fiebre.

Es un cimentador de la vitalidad –el oxígeno neutraliza los venenos de la fatiga, llevando a un estado de relajación y calma.

El azul es el color de la glándula pineal, el color del espíritu.

Un azul profundo y fuerte en el aura indica madurez, calma y ecuanimidad.

Un aura con una luz azul tenue indica anemia.

El azul es la fuerza creativa.

Genera un estado de paz que profundiza el sueño.

Alivia la picazón y las irritaciones.

Alivia fiebres y quemaduras, con un poco más de fuerza que el turquesa. Debe usarse después del turquesa si persiste la fiebre.

ÍNDIGO

Efectos sobre el cuerpo:

El índigo deprime la tiroides al tiempo que estimula la paratiroides.

Es analgésico, proporcionando especialmente alivio al dolor en casos de hinchazones extremas. En realidad, las reduce al tiempo que alivia el dolor.

Es un sedante potente.

Detiene las hemorragias.

Detiene las hemorragias internas en tejidos y órganos.

Es astringente. Tersa, afirma y tonifica la carne, la piel y los nervios. (Particularmente, las mujeres son las que más agradecen este efecto reafirmante de la piel).

Como antibiótico, iguala o sobrepasa a cualquiera de los productos del mercado, pero **sin efectos secundarios negativos**. El organismo nunca muestra alergias o deja de tolerar su acción antiséptica.

Tiene efectos narcóticos. Proporciona un sueño muy profundo, pero al despertar no quedan efectos residuales o de resaca, por el contrario, uno se siente fresco, alerta y descansado.

Deprime la acción del corazón; contrae los corazones dilatados.

VIOLETA

El violeta es el que tiene la longitud de onda más corta de todos los colores visibles.

Efectos sobre el cuerpo:

Es un depresor motriz –deprime todas los elementos hiperactivos del organismo con la excepción del bazo y la paratiroides.

Es un color espiritual.

Relaja, calma y deprime la actividad nerviosa, sobre todo en gente hiperexcitable.

También actúa como antibiótico, construyendo organismos que combatan a los organismos nocivos.

Estimula al bazo para que componga glóbulos blancos. El bazo elabora vitamina D. Cuando la sangre pasa del bazo al corazón, se realiza una última limpieza de eliminación de células y venenos dañinos.

Reduce la excitación y los irritamientos extremos.

Deprime la actividad de las glándulas linfáticas,

con lo que se reduce la nutrición en casos de exceso de peso.

Reduce el apetito.

Es un depresor cardiaco que relaja y seda los músculos y los nervios que controlan el latido cardiaco.

Proporciona alivio en casos de disentería y diarrea.

Proporciona un maravilloso y profundo sueño parecido al del índigo.

Púrpura

Efectos sobre el cuerpo:

El púrpura decelera el latido cardiaco y mitiga el dolor y la presión en el corazón.

Deprime la actividad de las arterias y estimula la actividad venosa.

Baja la tensión sanguínea; alivia el dolor de cabeza y los dolores provinientes de un exceso de presión.

Deprime la actividad de riñones y glándulas suprarrenales hiperactivos.

Como hipnótico, proporciona un sueño profundo y relajado, sin residuos al despertar.

Excelente para calmar y dormir a los niños.

Reduce el deseo sexual.

Deprime los estados emocionales alterados.

Es un color excelente para la meditación profunda.

Aminora las descargas excesivas y los dolores menstruales.

El púrpura se puede alternar con el turquesa de vez en cuando en muchas clases de fiebre (como en la malaria y las fiebres reumáticas).

Escarlata

Efectos sobre el cuerpo:

Este color acelera el latido cardiaco; fortalece y recompone.

Estimula la actividad arterial y deprime la venosa.

Eleva la tensión sanguínea, llevando a un estado de alerta.

Estimula los riñones y glándulas suprarrenales hipoactivos.

Incrementa y estimula las emociones.

El escarlata se puede intercambiar en cualquier caso en que esté indicado el color limón.

Es especialmente beneficioso para las congestiones o dolores de espalda (lumbago y artritis).

Incrementa las descargas menstruales.

Magenta

Efectos sobre el cuerpo:

El magenta equilibra las emociones. Es relajante y sedante, tanto en estados hiperemocionales como en hipoemocionales.

Estimula y recompone el corazón.

Genera los mismos efectos estimulantes y depresores que generan el escarlata y el púrpura, pero funciona ligeramente más despacio.

Elevará o bajará la tensión arterial de forma automática para normalizar el estado.

Estimula o deprime las venas o las arterias para normalizar su funcionamiento.

También estimula o deprime los riñones y las glándulas suprarrenales según las necesidades del organismo.

Equilibra los deseos y las capacidades sexuales.

Al igual que ocurre con el verde, el magenta se utiliza para todo tipo de trastornos o estados, haciendo también más efectivos al resto de colores.

Construye el aura, la fortalece y la intensifica.

Los Colores Complementarios

Rojo	se complementa con	**Azul**
Naranja	se complementa con	**Índigo**
Amarillo	se complementa con	**Violeta**
Limón	se complementa con	**Turquesa**
Verde	color de apoyo	**sin complementario**
Púrpura	se complementa con	**Escarlata**
Magenta	color de apoyo	**sin complementario**

Cada color se complementa por oposición a otro para equilibrar y armonizar la sanación. El Magenta y el Verde no tienen opuesto o complementario. Son los colores de apoyo, y generan estados a ambos lados del espectro.

El color forma parte de nuestra vida diaria

Con los colores podemos crear cualquier atmósfera que deseemos, comenzando con el principio subyacente del equilibrio fundamental de todo el universo. Esta fuerza creadora proporciona una consciencia de la energía que se encuentra más allá del rango habitual del ser. Esta consciencia aumenta las capacidades y genera una mayor armonía para un crecimiento superior.

Los colores de nuestro hogar –los colores que llevamos en nuestra ropa, los que proyectamos, incluso los colores de los alimentos con que nos nutrimos– determinan el sendero y el progreso que haremos para alcanzar nuestras metas.

Nuestra selección de colores determina nuestra aceptación o rechazo de otros o por parte de otros que pueden armonizar o no con nosotros.

No podemos vivir en absoluto sin luz ni color. Cuanto más los usemos creativa y sensiblemente, más avanzaremos física, mental y espiritualmente. De manera que utilice usted al máximo las cualidades curativas del color, para que éste le lleve a una vida más creativa, puesto que es la esencia de la fuerza vital que nos rodea a todos.

La aplicación de los colores se puede hacer directamente sobre la zona o zonas afectadas, o se puede hacer sobre todo el cuerpo, según se necesi-

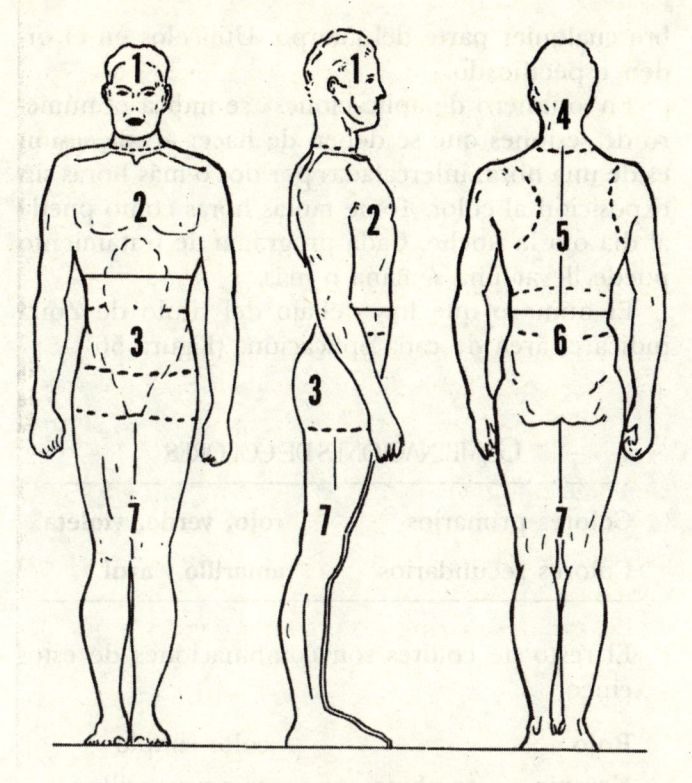

FIGURA 56. Diagrama de Zonas

te. Si cualquier parte del cuerpo manifiesta alguna disfunción o trastorno, el resto del cuerpo también se verá afectado. A la hora de corregir cualquier trastorno tenemos que contemplar la totalidad del cuadro. Todos los colores, utilizados en solitario o en las diversas combinaciones que hay, tan sólo pueden ayudar a normalizar la situación, ya que funcionan de forma automática para equilibrar todas las funciones corporales. Su aplicación es completamente inocua, sin importar el tiempo de exposición sobre cualquier parte del cuerpo. Utilícelos en el orden especificado.

En «número de aplicaciones» se indica el número de sesiones que se deben de hacer –cada sesión es de una hora, intercaladas por dos o más horas sin exposición al color. Tome tantas horas como pueda al día o a la noche. Cada programa de tratamiento puede llevar una semana o más.

El número que hay debajo del título de Zona indica el área de cada aplicación. (Figura 56).

COMBINACIONES DE COLORES

Colores primarios	**rojo, verde, violeta**
Colores secundarios	**amarillo** y **azul**

El resto de colores son combinaciones de estos cinco:

Rojo		color simple
Naranja	combina con	rojo y amarillo
Amarillo		color simple
Limón	combina con	amarillo y verde
Verde		color simple
Turquesa	combina con	azul y verde
Azul		color simple
Índigo	combina con	azul y violeta
Violeta		color simple
Escarlata	combina con	rojo y azul
Púrpura	combina	violeta y amarillo
Magenta	combina	rojo y violeta

Programas de Tratamiento

Para ayudarle a hacer la transición del nombre de la enfermedad a la comprensión del trastorno como frío o caliente, he preparado los siguientes programas de tratamiento. Un trastorno frío es una congestión. Un trastorno caliente es una liberación de la congestión y sus efectos eliminativos.

1. Para quemaduras de cualquier grado. Utilice el mismo programa para abrir y secar llagas en el cuerpo o en los miembros.

Número de aplicaciones	Color	Zona
2	Turquesa	Parte afectada
2	Verde	Parte afectada
2	Verde	1-2-3
1	Magenta	4

Continúe alternando el Verde y el Turquesa hasta la completa curación. Si existen otros trastornos que necesitan corrección, utilice los demás colores.

2. Furúnculos, abscesos, carbunclos, eczemas y todo tipo de llagas supurantes o secas en cualquier parte del cuerpo.

Número de aplicaciones	Color	Zona
3	Verde	1-2-3
2	Magenta	2
2	Magenta	5
2	Limón	1-2-3 o localmente
2	Naranja	1-2-3 o localmente

Concluir con dos o más aplicaciones de amarillo en función de lo que se necesite para completar la eliminación de todas las descargas. Después de que éstas se hayan detenido, utilice Turquesa e Índigo de forma alterna hasta la completa sanación.

3. Cáncer, leucemia y tumores.

Número de aplicaciones	Color	Zona
5	Verde	1-2-3
3	Magenta	2
3	Magenta	6
3	Limón	1-2-3
3	Amarillo	1-2-3
5	Verde	1-2-3
3	Magenta	1-2-3
3	Magenta	6

Repítase tantas veces como sea necesario.

Dado que el cáncer, la leucemia y los tumores están provocados por masas de desechos tóxicos y deficiencias, la Dieta de Zumo de Limón se puede utilizar varias veces con gran provecho. Coma abundantemente alimentos vegetales.

4. Venas varicosas, hemorroides, glaucoma, flebitis, y trastornos similares.

Número de aplicaciones	Color	Zona
3	Verde	1-2-3
3	Verde	Localmente
2	Magenta	2
2	Magenta	6
3	Púrpura	Localmente
3	Índigo	Localmente

Repítase cuantas veces sea necesario.

5. Resfriados, catarros, gripe del cerdo, sarampión, tos ferina, escarlatina, y toda clase de neumonía y de trastornos bronquiales. Todos los trastornos agudos entran dentro de esta categoría.

Número de aplicaciones	Color	Zona
3	Verde	1-2-3

Si existe fiebre, hay que alternar primero con Turquesa y luego con Azul. Si no hay fiebre, o cuando ceda, utilice:

Número de aplicaciones	Color	Zona
3	Limón	1-2-3
3	Amarillo	1-2-3
3	Magenta	2
2	Magenta	6
2	Naranja	1-2-3
2	Rojo	1-2-3

Repita cuantas veces sea necesario.

6. Ojos, oídos y nariz.

Número de aplicaciones	Color	Zona
2	Magenta	2
2	Magenta	6
1	Verde	1
2	Limón	1
4	Amarillo	1
8	Naranja	1
16	Rojo	1

Repita si es necesario.

7. Esclerosis múltiple, artritis, reumatismo, sinovitis, neuritis y otros estados similares.

Número de aplicaciones	Color	Zona
4	Verde	1-2-3
2	Magenta	2
2	Magenta	6
4	Limón	Parte afectada
5	Amarillo	Parte afectada
2	Magenta	2
2	Magenta	6
2	Naranja	1-2-3

Si aumenta el dolor o aparece fiebre, utilice Turquesa o Índigo para conseguir un alivio temporal.

8. Estreñimiento, diabetes y todo tipo de parálisis.

Número de aplicaciones	Color	Zona
3	Verde	1-2-3
3	Limón	2-3
3	Magenta	2
2	Magenta	6
3	Amarillo	2-3

Repita cuanto sea necesario.

9. Todas las formas de anemia y de problemas cardiacos.

Número de aplicaciones	Color	Zona
3	Verde	1-2-3
3	Limón	2-3
3	Amarillo	2-3
2	Magenta	2
2	Magenta	6
5	Rojo	3
1	Violeta	3
5	Rojo	3

Repita cuantas veces sea necesario.

10. Asma, fiebre del heno, sinusitis y otros trastornos similares.

Para bajar la fiebre: Turquesa durante una hora; si continúa la fiebre, utilice Azul seguido de Índigo.

Número de aplicaciones	Color	Zona
3	Verde	1-2
3	Limón	3
3	Magenta	2
3	Magenta	6
3	Naranja	1-2
1	Índigo	1
3	Verde	1-2
2	Magenta	1-2
2	Magenta	6
2	Limón	1-2
2	Amarillo	3

Repita cuanto haga falta.

11. Tuberculosis, Enfisema y trastornos pulmonares crónicos, tales como la fibrosis quística.

Número de aplicaciones	Color	Zona
3	Verde	1-2-3
2	Limón	3
2	Magenta	2
2	Magenta	6
6	Limón	1-2
6	Naranja	1-2
3	Amarillo	3
6	Naranja	1-2

Repítase cuanto sea necesario.

12. Distrofia muscular («Distrofia» significa imperfecto o falto de nutrición según el diccionario Webster).

Número de aplicaciones	Color	Zona
6	Verde	1-2-3
3	Magenta	2
3	Limón	1-2-3
3	Amarillo	1-2-3
3	Naranja	1-2-3
5	Verde	1-2-3

Repítase cuanto sea necesario.

NOTA IMPORTANTE: Durante la última década se han recaudado (y presumiblemente gastado) muchos millones de dólares para la investigación. Hasta ahora la respuesta ha sido siempre: «Todavía no lo sabemos. Dennos más dinero para luchar contra esta terrible enfermedad». Sin embargo, la respuesta está en el diccionario: Dieta Deficiente. Todo lo que hay que hacer es corregir la dieta (lea el capítulo sobre el Purificador Maestro), como hemos demostrado una y otra vez en nuestro trabajo.

¿Es necesario seguir «estafando» sistemáticamente a la gente, lacerándolos todos los años con donaciones para la investigación? La causa y la corrección están aquí ya.

Los programas de tratamiento que hemos dado se pueden cambiar o variar para adaptarlos a cada caso. Todos los trastornos crónicos tienen que pasar por un estado agudo para realizar la adecuada eliminación del organismo. Ésta es la forma en que la Naturaleza nos libera de nuestras toxinas productoras de enfermedades. Los gérmenes y los virus son un regalo del Creador para ayudarnos a limpiar las inmundicias acumuladas en el organismo.

El método más sencillo y efectivo de aplicar los colores es con una pequeña lámpara hecha del siguiente modo: comience por una base giratoria con un casquillo normal para una bombilla reflectora de 150 vatios (como las que se usan para iluminación interior). Prepare una pantalla para cubrir la bombilla de modo que enfoque la luz hacia adelante. La pantalla debe de tener el suficiente espacio abierto en la parte posterior como para que tenga la ventilación adecuada. Con esto se evita que la bombilla y los colores se quemen demasiado rápido. La lámpara se puede montar en la pared con un gancho o en un soporte de unos dos metros de alto.

El color más efectivo y equilibrado es el producido al proyectar a través de filminas plásticas. Estas filminas deben de estar tan equilibradas que, cuando los tres colores primarios (rojo, verde y violeta) se proyecten con lámparas diferentes sobre una pantalla blanca, se produzca luz blanca. Un azul y un amarillo equilibrados completan los cinco colores que se utilizan para combinar el resto de colores. (También hace falta un bastidor sobre el cual colocar las filminas de colores, y que hay que sujetarlo a la pantalla de la lámpara.)

Lea las instrucciones generales cuantas veces sea necesario y siga las indicaciones con atención.

Para más información para obtener una lámpara de color contacte con: Vita-Gem Enterprises, Victoria, B.C., Canadá.

Los elementos según la clasificación del color

Rojo:
- Cadmio
- Criptón
- Hidrógeno
- Neón

Naranja:
- Aluminio
- Antimonio
- Arsénico
- Boro
- Calcio
- Cobre
- Helio
- Selenio
- Silicio
- Xenón
- Uranio

Púrpura:
- Berilio
- Yodo
- Carbono
- Estaño
- Iridio
- Magnesio
- Molibdeno
- Osmio
- Paladio
- Platino
- Rodio
- Rutenio
- Sodio
- Tungsteno

Limón:
- Azufre
- Cerio
- Circonio
- Escandio
- Fósforo
- Germanio
- Hierro
- Itrio
- Lantano
- Neodimio
- Oro
- Plata
- Praseodimio
- Samario
- Titanio
- Torio
- Vanadio

Verde:
- Bario
- Cloro
- Nitrógeno
- Radio
- Talio
- Telurio

Turquesa:
- Zinc
- Cromo
- Flúor
- Mercurio
- Niobio
- Níquel
- Tantalio

Azul:
- Cesio
- Indio
- Oxígeno

Índigo:
- Bismuto
- Plomo
- Polonio
- Torio

Violeta:
- Actinio
- Cobalto
- Galio
- Radón

Amarillo:
- Bromo
- Europio
- Gadolinio
- Terbio

Magenta:
- Estroncio
- Litio
- Potasio
- Rubidio

Escarlata:
- Argón
- Disprosio
- Erbio
- Holmio
- Iterbio
- Lutecio
- Manganeso
- Tulio

Bioquímica

Sales Esenciales	Efectos	Alimentos que lo contienen
CALCIO Huesos y Corazón Necesidades minerales diarias 648 - 972 mg.	Compone y mantiene las estructuras óseas; da vitalidad y resistencia; antiácido	Berro .... 35 Eneldo .... 31 Col .... 21 Acelgas .... 21 Rábanos .... 15 Suero .... 13* Leche .... 2* Cebolla .... 10 Zanahoria .... 7 Uva 2
SODIO Ligamentos, Corazón, Sangre, Secreciones, 3,89 - 5,83 grs.	Ayuda a la digestión; contrarresta la acidez; purifica la sangre, detiene la fermentación; conserva la juventud.	Apio .... 65 Espinacas .... 62 Acelgas .... 62 Tomate .... 32 Zanahorias .... 14 Lechuga .... 13 Pepino .... 10 Remolacha .... 9 Bananas .... 6 Ciruelas 3
FÓSFORO Cerebro y minerales de los Huesos 2,92 - 3,89 gr.	Nutre el cerebro y los nervios; da fuerza al pensamiento; estimula el crecimiento de cabello y huesos.	Col rizada........... 35 Salvado .... 27 Rábanos .... 23 Calabaza .... 23 Pepino .... 10 Espinacas .... 18 Lechuga .... 16 Leche 15*
AZUFRE Sal en el Cerebro y los Tejidos 1,94 - 3,24 gr.	Purificador: tonifica el sistema; Intensifica sentimientos y emociones; da versatilidad.	Col rizada........... 86 Berro .... 53 Eneldo .... 20 Pepino .... 17 Judías .... 12 Espinacas .... 12 Nabos................. 12 Chirivía.............. 8 Acelgas .... 6 Lechuga .... 6 Zanahorias .... 4 Rábano picante 35

BIOQUÍMICA *(continuación)*

Sales Esenciales	Efectos	Alimentos que lo contienen
CLORO Para el Corazón y las Secreciones. Purificador de la Sangre	Con el Potasio, el Calcio y el Sodio, controla el latido cardiaco. Expulsa los desechos; limpiador.	Queso .... 26* Té de Eneldo ... 14 Lechuga .... 13 Suero .... 11* Pepinos .... 10 Remolacha .... 9 Leche .... 8* Berro .... 7 Aguacate .... 6 Melaza 6
MAGNESIO Mineral de los Nervios 324 - 518 mg.	Relaja los nervios; alivia el retraso cerebral; laxante, refrescante; estimulante motriz.	Tomate .... 13 Espinacas .... 11 Lechuga .... 11 Salvado .... 9 Apio .... 6 Judías .... 6 Pepinos .... 4 Higos .... 3 Zanahorias .... 3 Nueces .... 2 Naranjas .... 2 Uva 1
SILICIO Uñas, Piel, Cabello, Dientes. 6,48 mg.	Flexibiliza los tejidos; da gracia, ligereza, oído fino, ojos chispeantes, dientes duros, cabellos brillantes	Lechuga .... 14 Espárragos .... 9 Diente de león . 0 Cebollas .... 8 Espinacas .... 8 Pepinos .... 8 Remolacha .... 7 Acelgas .... 5 Apio .... 4 Cerezas .... 3 Higos 2
HIERRO Glóbulos de la Sangre. 12,96 mg.	Absorbe el oxígeno y alimenta los tejidos; da vitalidad, mejillas sonrosadas, vigor; da todo su valor a la sangre.	Acedera .... 9 Lechuga .... 9 Puerros .... 7 Espinacas .... 6 Rábanos .... 3 Fresas .... 3 Cebollas .... 1 Alcachofa .... 1 Melón .... 1 Pepino .... 1 Tomate 1

BIOQUÍMICA *(continuación)*

Sales Esenciales	Efectos	Alimentos que lo contienen
MANGANESO Células, Memoria, Fuerza.	Resistencia a la enfermedad, coordina el pensamiento y la acción, eleva la tensión arterial; estimula el corazón.	Hojas de menta, hojas de berro, almendras, nueces, perejil, gaulteria, salvado.
FLÚOR Esmalte de los Dientes, conservador de los Huesos.	Modificador de estados agudos, construye la piel; fortalece los tendones, traba los huesos, mejora la visión.	Col, coliflor, leche de cabra*, espinacas, tomates, berros, bayas de enebro.
YODO Glándulas, Cerebro, Belleza.	Previene el bocio, disuelve la congestión, expulsa venenos.	Lechuga, zanahorias, piña, ajo, pieles de patatas, aguacate.

(Los números representan la cantidad de partes de mineral contenidas en 1000 partes de alimento. 1 gm. - 1 gramo = 1000 mg., = 1000 miligramos)

Los alimentos marcados con * se dan para su comparación y no por constituir una buena nutrición.

BIOQUÍMICA

Alimentos Altos en sodio	Na	K	Alimentos Altos en Potasio	Na	K
Apio	65	49	Col rizada	8	15
Espinacas	63	29	Lechuga	67	13
Acelgas Suizas	62	44	Nabos	59	7
Lechuga China	32	16	Diente de león	50	13
Remolacha, Roja	21	8	Col	45	11
Fresas	19	13	Berro	44	17
Calabaza confitera	17	13	Perejil	41	2
Calabaza	16	12	Pepinos	41	10
Granada	16	8	Coliflor	40	5
Patata dulce	15	13	Remolacha, Blanca	38	9
Pan, Centeno*	11	5	Chirivía	33	1
Higos, Secos	10	10	Coles de Bruselas	31	1
Limones	15	10	Patata irlandesa	26	1
			Zanahorias	25	14
			Raíz de Apio	22	1
			Suero	21	10*
			Ciruelas	18	3
			Bananas	16	6
			Papaya	9	9
			Limones	90	15

PROMEDIO DE LOS ALIMENTOS

	Na	K		Na	K
Legumbres*	8	159	Pan, Cereales	8	59
Nueces*	3	60	Azúcar blanco	0	0
Vegetales	165	353	Leche y Productos		
Frutas	16	117	Lácteos	56	116

Una dieta alta en sodio previene la vejez, las cálculos en el cuerpo, el desarrollo de tumores, el reumatismo y todos los procesos de endurecimiento.

Al exceso de sodio alcalino sobre el ácido de la sangre se le conoce como la «reserva alcalina», y este margen es de la máxima importancia para la salud.

Los trastornos arteriales, de corazón y de riñones suelen indicar una deficiencia de potasio.

* Estos alimentos son generadores de ácidos, al igual que las carnes, el pescado y los huevos; se deberían de evitar. La mayoría de los trastornos vienen como resultado de un estado de exceso de ácido.

BIOQUÍMICA

Alimentos Alcalinos		Formadores de Ácidos	Alimentos Ácidos
Higos	Perejil	Todo producto de	Todas las bayas
Plátanos	Pimientos verdes	cereales	Granadas
Ciruelas	Lechuga	Azucar blanco	Uvas
Uvas pasas	Col	Todas las carnes	Nísperos
Dátiles	Tomates	Grasas animales	Piña
Aguacate	Mostaza verde	Mantequilla	Grosellas
Uvas	Pepinos	Nata	Cerezas
Peras	Judías verdes	Huevos	Naranjas
Patatas	Guisantes	Queso	Melocotones
Melaza	Maíz dulce	Alimentos marinos	Albaricoques
Coco	Brotes de judías	La mayoría de los	Membrillo
Melón	Rábanos	frutos secos	Limones
Apio	Zanahorias	Judías secas	Manzanas
Espinacas	Berros	Guisantes secos	Melones
Acelgas	Calabaza	La mayoría de los	Otras frutas
Lechuga china	Calabaza confitera	aceites	
Remolacha		Lentejas	
Abelmosco			

Todos los alimentos ácidos son alcalinos por reacción durante la digestión, excepto en algunos casos en donde el organismo es extremadamente ácido y los alimentos ácidos no se pueden digerir adecuadamente. Cuando sucede esto, ingiérase alimentos alcalinos hasta que haya un exceso alcalino y se consiga el equilibrio, después se podrán ingerir de nuevo alimentos ácidos, que ahora sí que serán adecuadamente digeridos.

Todas las frutas, bayas y melones ácidos se hacen alcalinos en la digestión. Si la dieta consiste en frutas, vegetales, bayas, semillas y frutos secos en cantidades limitadas, la posibilidad de que haya una indigestión es pequeña.

Recuerde –incluso los mejores alimentos pueden llevar a la indigestión y al desequilibrio si existe el problema de la sobrealimentación.

Elemento	Símbolo	Ingestión Óptima/Día	Funciones y/o Información al respecto
Sodio	Na	1150-5800 mg	Ayuda a regular los niveles de fluidos corporales
Potasio	K	1900-5870 mg	Esencial para la función muscular y nerviosa
Calcio	Ca	1000-2000 mg	El mineral más abundante en huesos y dientes, función muscular y nerviosa
Fósforo	P	1500-3000 mg	Esencial en toda reacción química, componente en todos los tejidos
Magnesio	Mg	485-1220 mg	Esencial en activación de enzimas en metabolismo de carbohidratos y proteínas, equilibra el Ca, endurece dientes y huesos
Cloro	Cl	1770-8860 mg	
Hierro	Fe	15-25 mg	Componente esencial de la hemoglobina (en los glóbulos rojos) y de otras enzimas implicadas en el transporte y uso del oxígeno
Zinc	Zn	15-30 mg	Componente esencial de muchas enzimas en los tejidos –especialmente en órganos sexuales–, importante también en la curación de heridas, contrarresta el veneno del cadmio
Silicio	Si	alred. 6.5 mg	Probablemente esencial pero de función desconocida
Manganeso	Mn	2-9 mg	Esencial para el transporte de oxígeno y el metabolismo de las grasas, carbohidratos y proteínas, promueve la producción de hormonas sexuales
Cobre	Cu	1,5 - 5,0 mg	Componente esencial de las enzimas que transportan oxígeno, ayuda a la absorción del hierro, activa también otras enzimas
Flúor	F	1,4 - 1,8 mg	Componente esencial en dientes y huesos, en pequeñas cantidades protege contra la caída de dientes
Vanadio	V	alred. 2 mg	Reduce los niveles de colesterol en el cuerpo, probablemente esencial para el metabolismo de las grasas
Yodo	I	114-357 mg	Componente esencial de las hormonas tiroideas, parece ayudar a combatir infecciones tales como la tuberculosis
Cromo	Cr	30-100 mg	Esencial para el metabolismo de azúcar y grasas, probablemente esencial para la adecuada función insulínica
Molibdeno	Mo	cuanto apenas	Activador esencial de diversas enzimas
Cobalto	Co	5-8 mg	Componente esencial de la vitamina B-12 y de los glóbulos rojos
Selenio	Se	cuanto apenas	Esencial en pequeñas cantidades para ayudar al organismo a utilizar la vitamina E y metabolizar las proteínas que contienen azufre

Elemento	Símbolo	Ingestión Óptima/Día	Funciones y/o Información al respecto
Azufre	S	?	Componente esencial de todos los alimentos, todos los tejidos corporales
Boro	B	?	Probablemente esencial pero de función desconocida
Litio	Li	?	Probablemente esencial pero de función desconocida
Estroncio	Sr	?	Probablemente esencial pero de función desconocida
Estaño	Sn	?	Probablemente esencial pero de función desconocida

Nota: 1 gramo = 1000 miligramos = 1.000.000 microgramos

Elemento	Algunas fuentes del elemento
Co	Las mejores: vegetación marina. Hay pequeñas cantidades en frutas y vegetales
Cr	Grano de cereales, maíz. Hay pequeñas cantidades en frutas y vegetales
Cu	En todos los granos, almendras, vegetales de hoja verde, legumbres secas, vegetación marina
Mo	Legumbres, cereales, algunos vegetales de hojas verde oscuro –depende del contenido del suelo
Se	Salvado y germen de cereales, algunos vegetales: brócoli, cebollas, tomates
V	Las mejores fuentes: vegetación marina. Algo en vegetales
Zn	En todos los granos, salvado y germen de trigo, alimentos altos en proteínas

Haga su vida más agradable con los colores

Para aquellos que gusten del color en la iluminación o para acentuar algunos detalles bellos de la casa, algún o algunos proyectores de color pueden dar tonos bellos y encantadores a sus vidas. Los colores cálidos tienen cualidades estimulantes, mientras que los colores fríos son apaciguadores y refrescantes.

Los colores de las paredes y el techo en la casa variarán con el uso que se le dé a cada habitación. Los colores cálidos, como el rojo, el naranja, el amarillo, el limón y el escarlata, se pueden utilizar muy bien en la cocina, el comedor y en cuartos de trabajo. Son colores que excitan y estimulan, y resultan inmejorables en los cuartos de juego porque son creativos por principio. Los colores expresan alegría y calidez de sentimientos.

Los colores fríos, como el turquesa, el azul, el índigo, el violeta y el púrpura, son relajantes, calmantes e inductores al sueño. Utilice estos colores en el dormitorio y en la sala de estar.

El blanco es la combinación de los doce colores y se puede utilizar muy bien para hacer que una habitación tenga un aspecto más luminoso y limpio. Sin embargo, se podrían utilizar otros colores junto con el blanco para dar un poco de variedad.

El negro es la ausencia de todo color y no se debería de utilizar nunca con ningún propósito. El negro transmite enfermedad, vejez y muerte, y no se debería de vestir nunca con este color. Tanto hombres como mujeres deberían de huir de la ropa negra como si de una plaga se tratara. El que de verdad busca la salud debería de utilizar los variados tonos de los colores visibles en su atuendo. Los tonos cálidos suelen ser los más adecuados, dado que la mayoría de la gente muestra demasiados tonos de colores fríos en sus auras, por lo que conviene equilibrar con colores cálidos.

El Verde y el Magenta se pueden utilizar cuando y donde se desee puesto que ni son fríos ni calientes, sino que vienen a ser el fiel de la balanza entre unos y otros. Ambos tienen la misma tasa vibratoria, de modo que los colores son los mismos en efectos. La aparente diferencia se basa en que el verde es un color físico mientras que el magenta es un color emocional o espiritual. Parecen ser diferentes debido a que las ondas se mueven en direcciones opuestas mientras viajan por el espacio. El verde se mueve en la dirección de las manecillas del reloj, mientras que el magenta lo hace al contrario. Algunas plantas tienen hojas que son verdes por un lado y magenta por el otro. También hay materiales que parecen verdes en un momento determinado y magenta al momento siguiente, según cambian de posición.

¡Añada color a su vida para Vivir Creativamente!

Capítulo VI
Resumen y Conclusiones

Cada una de las partes de este sistema triple puede, y de hecho lo hace, trabajar de forma independiente, consiguiendo notables resultados por sí mismas. Pero cuando trabajan las tres juntas y en armonía con nuestros cuerpos físico, mental y espiritual, **¡nada absolutamente se puede comparar con la rapidez y la perfección con las que sobreviene la sanación!**

EL PURIFICADOR MAESTRO o, lo que es lo mismo, LA DIETA DE ZUMO DE LIMÓN, se relaciona con el establecimiento de una nutrición apropiada, la limpieza y la generación de una salud de orden superior. Una dieta sana y libre de toxinas animales, basada en frutas, vegetales, bayas, semillas, frutos secos, semillas germinadas y cereales. Con este régimen se hace realidad la liberación de todo tipo de enfermedades. Hay que comprender también que todos estos alimentos naturales alcanzan la cima de su perfección cuando se ingieren en cantidades limitadas. No hace falta hartarse para obtener todos los nutrientes que se necesitan. Ingiera tanta variedad de alimentos como le resulte posible. Coma algo diferente cada día, pero siguiendo escrupulosamente una monodieta; por ejemplo, cuando coma fruta, limítese sólo a fruta, y lo mismo hay que hacer cuando se coman vegetales. Sin embargo, la ocasional mezcla de vegetales crudos en la ensalada con aguacate, frutos secos o uva no significa una ruptura importante de este principio.

Los alimentos crudos son siempre más sanos que los cocinados. Hipócrates decía, «Deja que tu alimento sea tu medicina, y que tu medicina sea tu alimento». La medicina moderna se ha alejado en gran medida de esta sugerencia. La utilización de la terapia de color renueva y da nueva vida a la capacidad del organismo de manipular la actividad química de los alimentos dentro del cuerpo. Estimula y potencia todas las funciones corporales, coordinándose así a la perfección con la dieta programada.

EL SISTEMA REFLEJO funciona mejor que cualquier otro sistema manipulativo –sin excepciones. Constantemente se realizan curaciones que otros sistemas son incapaces de mejorar o ni tan siquiera reproducir.

LA TERAPIA DE COLOR es un verdadero milagro de la sanación con su manipulación de la química natural. Acelera y complementa los otros dos enfoques.

Un milagro moderno

Me gustaría citar un caso reciente que es un ejemplo perfecto de la eficacia de esta trinidad sanadora. D. Bugbee, a los 26 años de edad, salió despedido a gran distancia de un automóvil en marcha durante un accidente. Su cabeza golpeó contra una roca, a consecuencia de lo cual sufrió una grave conmoción. El médico que lo atendió pensó que habían coágulos de sangre en la cabeza, así que se le hicieron varias perforaciones en el cráneo con el fin de drenar en la medida de lo posible. El resultado fue una parálisis completa del lado izquierdo del cuerpo. No habían muchas esperanzas de que se recuperase, y aún más, tampoco habían muchas esperanzas de que siguiera con vida.

El médico quería abrir el cráneo para operar en el cerebro. Probablemente, D. B. no habría sobrevivido a la operación –no quería vivir de aquella manera, así que ¿por qué no operarse?

Su madre se negó a dar su consentimiento para la operación, e inmediatamente se le sacó del hospital. Aparentemente, iba a ser un inválido sin esperanzas de recuperación.

Comenzamos a utilizar el color noche y día. También comenzamos aplicar Vita Flex durante el día. La dieta de zumo de limón también se puso en marcha, y se prosiguió con ella durante veinte días.

Después de tan sólo 12 días, D. B. fue capaz de caminar con ligereza en la consulta del médico, completamente curado y sin efectos secundarios. El precio: nada más 60 dólares. Todos sus amigos, que lo habían visto poco después del accidente, después de los 12 días de tratamiento se quedaron estupefactos. ¡Otro milagro del mejor sistema de curación!.

El médico se quedó sin palabras ante el milagro que contemplaban sus ojos. Su mejor explicación de lo sucedido fue sencillamente «Usted es joven y tenía un intenso deseo de vivir».

Los archivos del médico y del hospital están ahí, con lo que los hechos se pueden verificar. Y también hay muchos amigos que pueden verificarlo.

Éste no es un caso extraño. Miles de personas han recibido nuestros tratamientos con resultados similares, y otros muchos miles seguirán disponiendo de este servicio a través de aquellos que apliquen este sistema por todo el mundo.

La verdadera historia del doctor J.

Una noche, al finalizar una conferencia sobre sanación, estuve hablando con el doctor J. Le pregunté si iba a seguir mis clases. Su respuesta fue «No, pero me gustaría hablar con usted. Soy cirujano, pero de un tiempo a esta parte he tenido que dejar de operar». Tenía las manos quebrantadas e hinchadas, y sufría de intensos dolores, por lo que incluso le resultaba imposible el ponerse los guantes para operar. «Si usted me cura las manos, yo vendré a seguir sus clases». Lo había intentado todo en el campo de la medicina y nada había funcionado.

La sencilla dieta de zumo de limón, junto con algunas aplicaciones de vinagre en las manos, dieron como resultado la vuelta a su estado normal en tres semanas. Fiel a su palabra, volvió con su enfermera y aprendió nuestro sistema.

No más pastillas

El señor S.C. tenía un montón de problemas graves: capacidad limitada de movimientos debido a una angina; dolores constantes debidos a una úlcera de estómago de mucho tiempo; tensión arterial elevada; dolores en la espalda –y otras muchas cosas además de tener exceso de peso.

El médico le había dicho que tendría que tomar multitud de pastillas durante el resto de su vida.

Con nuestro sistema no se le hizo ninguna prueba, ningún diagnóstico, ningún examen, tan sólo unas cuantas preguntas. S.C. comenzó inmediatamente con la dieta de zumo de limón y abandonó toda aquella procesión de pastillas diarias. En treinta días había perdido más de trece kilos sin ulteriores achaques, dolores o problemas como los que tenía –y sin efectos secundarios.

Su mujer también tenía bastantes problemas desde hacía mucho tiempo. Se corrigieron todos con el mismo método durante el mismo período.

El señor S.C. tenía muchos amigos cercanos que padecían diferentes problemas. También ellos utilizaron nuestros métodos, y todos los trastornos se corrigieron en pocos días. Todos ellos siguieron la dieta de zumo de limón y el sistema de masaje reflejo.

El «irremediable» problema de Jill

Jill vino a verme cuando yo dirigía el club de salud. Caminaba con mucha dificultad, apoyándose en dos bastones y en el brazo de su marido. Tenía un aspecto viejo y decrépito, aunque era en realidad una mujer joven. Su enfermedad: esclerosis múltiple durante muchos años. Antes de venir a verme, había estado tomando tratamientos semanales a lo largo de dos años de un quiropráctico local. Su estado había empeorado en vez de mejorar. En apariencia, era un caso irremediable.

Seis meses después, con la ayuda de la dieta de zumo de limón, el Vita Flex y la terapia de color, recobró la salud. Se hizo joven, vibrante y muy activa, sin limitaciones.

Otro milagro moderno

El señor K. trajo un día a su mujer, que estaba ciega desde hacía varios años.

Justo en el primer masaje reflejo con color se produjo el milagro. A medida que realizaba el masaje, yo le decía que iba a ser capaz de ver con toda normalidad. Su marido dijo, «No esperamos tanto». Yo respondí, «Ya veremos». Unos minutos después ella exclamó, «Puedo ver sus ojos –son azules. ¡Oh! Puedo verlo todo». Volvió unas cuantas veces más para potenciar el tratamiento. **Todos los trastornos vuelven a la normalidad en el plazo de dos meses.**

La excitante historia de Joe

Joe, un indígena americano, vino un día a ver si podría ayudarle. Había sido diabético durante treinta años, y estaba casi ciego –verdaderamente un caso terminal. Esperaba que la muerte le sobrevendría en cualquier momento. No había podido trabajar en los últimos diez años.

Joe utilizaba 60 unidades de insulina al día. La mañana en la que le conocí aún no había tomado su dosis. Comenzamos inmediatamente con el zumo de limón, la terapia de color y el masaje reflejo. Ya no necesitó más insulina. En ningún momento durante los tratamientos hubo ninguna señal de exceso de azúcar en la orina o en sangre. Poco a poco, sus ojos volvieron también a la normalidad, y en tres meses volvía a llevar una vida normal, con un nuevo trabajo bien pagado. Sus limitaciones dejaron de existir. No hubieron efectos secundarios perjudiciales en ningún momento.

El verdadero enemigo

La medicina tiene a los gérmenes y a los virus como al enemigo que debe de ser destruído-y-asesinado con el fin de que uno se encuentre bien, mientras que ignora el hecho comprobado de que el verdadero enemigo es la contaminación de toxinas que existe en el interior del organismo y que debe de ser extraída para que la persona vuelva a sentirse sana. Matando a estos inofensivos seres con drogas venenosas lo único que consiguen es añadir más toxinas, más miseria y más enfermedades que lo único que van a hacer es obligar a la aplicación de interminables tratamientos que no van a llevar a una salud normal ni a la liberación de las enfermedades.

La competencia es la chispa de la calidad y la mejora en todos los negocios y en todas las artes –que pone de relieve al mejor entre miles de participantes. Pero en algún momento a lo largo del sendero se perdió esta buena idea. A partir de entonces, en una marcha fanática por el poder y la riqueza, la autocracia médica dicta y controla la forma del tratamiento, sin dejar opciones ni esperanzas de curación. La tristeza gobierna ahora el mundo de la enfermedad mientras la esperanza se desvanece sin cesar, a pesar de los tratamientos o de las innecesarias amputaciones con las que, bisturí en mano, se separan partes necesarias de un cuerpo enfermo.

Hay millones de personas confinadas a las drogas y a las prácticas médicas, personas sobre las que se practica con falsos métodos que les dejan en el dolor y en la miseria, con tratamientos interminables, hasta que se liberan de sus destrozados cuerpos. Y lo peor de todo esto es que la ley lo permite y lo promueve.

Cuando uno enferma la calidad del servicio debería de ser óptima, en función de las necesidades originales del organismo y en función de nuestro Creador.

Desgraciadamente la medicina adolece de esta calidad, ya que las necesidades del organismo no incluyen a las drogas, las inyecciones de venenos, los anticuerpos de extraños designios, la radiación destructiva, o los antinaturales productos químicos que tan sólo producen efectos secundarios peligrosos y que suelen llevar a cambios no deseados. Si los médicos supieran lo que están haciendo, ya no harían falta más pruebas despilfarradoras ni más investigaciones interminables.

La medicina siempre aparece con algo nuevo, pero ese «algo nuevo» es siempre «lo mismo viejo» repetido con novedosas drogas más potentes para amenazadoras enfermedades para las que no tienen una respuesta adecuada.

Hay un asesino en nuestra tierra y no es el cáncer, el Sida o todas las otras enfermedades, sino los dispensadores de drogas –legales o ilegales– y los que utilizan métodos de corte.

En las enfermedades no hace falta matar, tan sólo hace falta eliminar la causa.

Si existen áreas o zonas que están funcionando mal debido a las congestiones o excrecencias, es porque hay una razón lógica para que eso suceda. Cuando se encuentra esa razón y se elimina de forma natural con una dieta purificadora, la cirugía pierde su razón de ser. Sólo los ignorantes recurren a la cirugía para un funcionamiento deficiente.

Las drogas de cualquier naturaleza liberan los controles de protección naturales del organismo de efectos negativos, penetrando en el aura para permitir que las entidades inferiores de antiguos adictos entren y puedan solazarse con efectos similares a los que tenían en su vida anterior sobre el plano terrestre.

Muchos criminales se ven invadidos por estas entidades que llevan a situaciones más allá de su control, con devastadores efectos sobre el resto de la sociedad. No existen diferencias en sus efectos secundarios entre las drogas ilegales y las drogas legales prescritas por la normativa médica. Y todavía la ley permite el uso de unas y prohibe las otras, lo cual obliga, al que tiene un poco de lógica, a hacer uso de una gran dosis de tolerancia para aceptarlo.

¿Están los médicos tan cerca de la Divinidad como para convertir en segura y curativa una droga peligrosa? Una droga peligrosa no cambia su actividad normal sólo porque alguien la prescriba o la utilice. Más bien parece que la medicina no se encuentra muy cerca de la Divinidad, ya que está henchida de drogas y métodos peligrosos.

Uno puede tener todas las graduaciones, títulos y licencias del mundo, pero si no conoce la sencilla ley de la causa y el efecto en la corrección de las enfermedades no tiene nada en absoluto, sino tan sólo gente enferma que nunca se pondrá bien, que nunca se liberará de sus aflicciones.

Éste es el legado, transmitido por la profesión médica un año tras otro. Quieren justificar su derecho a existir tratando la enfermedad con drogas, sustancias químicas e inyecciones degradantes, y con operaciones que privan al enfermo de lo que le dio Dios.

Si esto es realmente todo lo que algunas personas quieren está bien para ellos, pero hay algo mucho mejor para el que no se conforma, algo que no utiliza las drogas en absoluto y que no teme a las enfermedades que siguen siendo un misterio para la herejía médica.

La libertad de elegir cualquier forma de tratamiento es un derecho moral de todos, donde no deben interferir departamentos gubernamentales, sea cual sea la razón. Como un niño, yo veía al osteópata, al quiropráctico hacer sus cosas con muchas limitaciones, así como con la medicina y sus muchas limitaciones peligrosas, y me maravillaba preguntándome por qué. ¿Es esto todo lo que hay para curar, algo que sólo trae un alivio momentáneo y un sufrimiento interminable hasta que la muerte traiga la tan deseada liberación? Yo veía las falacias y los errores de las pastillas y las pociones, narcotizando un cuerpo lleno de drogas venenosas y trayéndole un montón de nuevas y viejas enfermedades. Si la medicina supiera realmente lo que está haciendo no harían falta más investigaciones en lo desconocido ni pruebas sin fin.

El público no tiene ninguna protección contra los muchos perjuicios y daños que los médicos y los insaciables cirujanos les hacen con sus prescripciones de drogas y sus innecesarias cirugías. Existen datos -en archivo- de miles de muertes innecesarias por causa de las drogas –en nada diferentes de las drogas ilegales–, y por diagnósticos erróneos que llevan a las víctimas al suicidio o a consentir una operación que los destruye y los mata. Estas tragedias ocurren porque no existe una ley que proteja a las víctimas de estas peligrosas prácticas.

El mero hecho de que alguien tenga una graduación médica y un permiso para practicar la medicina no le cualifica para hacer un tratamiento, porque aún está haciendo prácticas, dado que sabe muy poco de las necesidades naturales del organismo. Considerando esta situación, el público debe de darse cuenta de que se encuentran en una situación –digámoslo así– de vida o muerte, puesto que las acciones encaminadas a la salud corren sin control o sin los principios de salud requeridos para generar y retener una vida saludable, según la normativa de calidad de la dirección divina. Esto debe de ser obvio, o de lo contrario no habría tanta gente muriendo con enfermedades terminales por ignorar las verdaderas necesidades del cuerpo en esta era de grandes avances tecnológicos en otros campos. Es realmente trágico que la medicina-de-las-drogas y la cirugía se permitan y promuevan por ley para que continúen en vigor métodos tan negativos e ignorantes como costosos, tanto en términos económicos como de vida y muerte.

¿Para qué ir al médico a por un tratamiento de por vida cuando hay disponibles remedios para sus problemas que funcionan en un período de tiempo corto? Por favor, responda honestamente, ¿no sería mejor un remedio rápido y sencillo antes que un interminable, cuestionable y costoso –en dinero y miseria– tratamiento con drogas?

La utilización de drogas para cualquier enfermedad no consigue –nunca lo hace– los resultados deseados –si lo que usted desea es la corrección del problema en lugar de un simple alivio–; y no lo consigue a causa de los muchos efectos secundarios peligrosos que tienen, dado que las drogas nunca formaron parte del esquema natural original del cuerpo humano.

Mucha gente va a México y a otros países en busca de diversas drogas de las que dicen que curan determinadas enfermedades. Pero las drogas nunca curan nada, se prescriban aquí o allí, y de esta manera la búsqueda continúa por la carencia de realidades. Cuanto más cambia la medicina más permanecen las mismas drogas nocivas, la cara e innecesaria cirugía y la falta de métodos creíbles.

¿Por qué se les permite a los médicos dispensar drogas peligrosas mientras que no se les permite a los demás?

Las drogas que utilizan los médicos –tan perjudiciales como las otras– tienen la misma capacidad de generar adicción y de destruir las vidas de aquellos que las usan con la falsa creencia de que les van a curar.

En los reinos de la curación no resuelta, los remanentes de épocas de drogas y pociones mágicas se han extendido hasta incluir un interminable suministro de innecesarios, inútiles y peligrosos elixires, faltos de las cualidades mínimas para cubrir las necesidades naturales de la nutrición, que conservan los síntomas y dolencias originales junto con el añadido de otros más peligrosos e indeseables.

Es de todo punto realista y lógico que, para el enfermo, lo más importante es que le permitan acceder al sistema de curación más eficaz, sea cual sea. Hay millones de personas ahí afuera que no pueden acceder a un sistema de curación rápido y preciso debido a que los médicos sólo les tratan con una amplia variedad de drogas que no les curan y que, sin embargo, les generan adicción. Estas drogas no tienen nada que ver con las necesidades del cuerpo, y con sus inútiles efectos secundarios lo único que hacen es obstaculizar el debido proceso de sanación natural. ¿Por qué se tiene que encadenar y esclavizar a la gente con un sistema cuestionable y falto de la validez de la curación natural?

¿Por qué se les da a los médicos inmunidad por proporcionar drogas mientras que a los que dispensan métodos naturales se les dan todos las ventajas para el castigo legal?

Si otras personas descubrieran formas mejores y más lógicas, formas más naturales y correctas de curar el cuerpo completa y rápidamente, sin efectos secundarios, ¿habría alguna razón lógica para que este sistema no fuera aceptado, y que en lugar de esto fuera condenado porque es contrario a las prácticas aceptadas?

Los días de los milagros no han pasado, usted puede ser curado pero no con drogas o cirugía, sino con el poder natural interno del hombre, aquel que trabaja en armonía con la Mente Universal. Es realmente increíble que el sistema médico sea protegido por la ley mientras otros sistemas superiores de los que puede disponer el enfermo se vean condenados por esa misma ley. La prueba de esta afirmación puede encontrarse fácilmente si las autoridades se toman la molestia de investigar la verdad.

La falta de credibilidad en las prácticas médicas menoscaba la calidad de la curación que desean y precisan aquellos que solicitan lo mejor en sanación natural. Todos sus procedimientos son completamente ridículos, en la medida en que su aproximación a las correcciones o a la «cura» se basa en acciones falsas que complican aún más las enfermedades. La medicina convierte a los gérmenes y los virus en el enemigo a destruir, mientras ignora que el verdadero enemigo es la contaminación de toxinas que existe dentro del organismo, contaminación que debe de ser eliminada antes de que las drogas añadan más toxinas, más sufrimiento y más enfermedades que requerirán tratamientos interminables que seguirán sin resolver nada porque la causa seguirá estando allí. Los gérmenes y los virus no son la causa de nuestras enfermedades, son la consecuencia. Las enfermedades no exigen que se mate, exigen la preservación de la vida mediante la purificación del organismo y la compensación de las deficiencias con alimentos vivos en lugar de drogas.

Esta particular protección fomenta muy a menudo el desdén por la vida en la medida en que deteriora su intención original de ofrecer una curación de calidad.

Los antiguos, viviendo en contacto con la naturaleza y con la tierra, consideraban a la naturaleza divina como algo opuesto a la intromisión que significa la manipulación de lo desconocido y lo no demostrado con lo artificial, lo cual habían acreditado como lo menos loable de cualificar como una forma efectiva de calidad curativa.

La gente teme aquello que no comprende o acepta ignorando los hechos con una fe total en que ningún daño puede provenir de su ser. Esto se aplica a todo –tanto a lo viejo como a lo nuevo– en donde la ignorancia mora en las mentes de los desinformados.

La ignorancia es el sendero hacia la enfermedad y la muerte en el campo de la curación, y la ignorancia abunda en el campo de las prácticas médicas, mientras millones de pacientes luchan ciegamente a través de la interminable confusión de la fe en las drogas, que actúan como sólo las drogas pueden actuar –de un modo que los degrada y les impide ser realistas en el restablecimiento de la salud. La ignorancia es la esencia de los procedimientos médicos típicos, faltos de capacidad para soportar la vida en su más alto nivel. Las entidades implicadas y los efectos secundarios no conocen la diferencia entre drogas legales y prohibidas. Se las acepta a todas por igual.

La medicina utiliza el temor de diversas formas para tomar y mantener el control del enfermo. El temor proviene de la ignorancia, que deviene de la utilización de falsas causas de enfermedades con soluciones sin resolver, puesto que aquellos misteriosos bichos invisibles –para la visión normal– son falsamente acusados, envenenados –drogados– o dañados con vacunas o dinamitados con inyecciones antinaturales que han creado nuevas y más devastadoras enfermedades, mientras a menudo el enfermo continúa con los males originales. Así, el paciente y los que pretendían ser sus benefactores –los bichos– se ven forzados a sufrir innecesarias agonías por ignorancia. ¿Pueden ser los médicos tan ignorantes o simplemente se hacen los tontos para ganar y mantener el control de las masas por medio de la enfermedad?

A medida que entramos en la nueva era de la iluminación es conveniente y adecuado que comencemos a aceptar sólo lo mejor de todos los conocimientos posibles en sanación, así como lo más escogido en experiencias espirituales, para obrar con conocimiento de causa a través de estos principios en nuestro provecho.

Es un hecho demostrado que las drogas, de cualquier naturaleza, son extrañas a las necesidades naturales o a la química natural de un organismo sano.

Las drogas son el valor principal en la industria médica. Las drogas siempre responden de la forma en que están diseñadas para responder, adictiva y degenerativamente, en contra de las exigencias originales físicas y mentales que requiere una vida sana.

Aprenda a conocer la diferencia entre las drogas y los alimentos nutritivos. Aprenda a decir no a las drogas en su búsqueda de la libertad en la calidad de vida.

Las drogas son una enorme cantidad de falsedades... a la espera de sus víctimas.

Un ejemplo sorprendente de efectos secundarios de las drogas tal como son prescritas por los métodos médicos

La droga que recetaban los médicos a las mujeres embarazadas para ayudarlas a dormir y relajarlas, o quizás simplemente por recetar, es la Talidomida. Durante años han nacido muchos niños con malformaciones, sin brazos o sin piernas, para sufrir una vida entera de impedimentos, mientras sus padres y amigos sufrían con ellos. No se tomó ninguna medida legal contra los culpables. ¿POR QUÉ?

Matar por compasión es algo que sucede en cierta medida, pero la muerte por diagnósticos erróneos o por prescripciones erróneas –de drogas– ocurre bastante más a menudo, y sin embargo no se toma ninguna medida legal contra tales prácticas. Éste es un procedimiento médico habitual.

Una última palabra

Este sistema triple no acepta limitaciones salvo la de **la capacidad del cuerpo humano para curarse a sí mismo**. Me siento tan convencido de lo expuesto en esta obra que me siento obligado a dar un toque personal para condensarlo todo.

Durante años, desde que este trabajo vino a mí, un flujo constante de casos «sin esperanzas» ha ido viniendo en busca de ayuda, alivio y soluciones. Normalmente, encontraron mucho más de lo que esperaban y se fueron gozosos con toda una nueva vida por delante, libres de sus antiguas limitaciones y problemas. Todo esto se consiguió con un mínimo de tiempo, con la máxima simplicidad, la máxima eficiencia y el menor coste.

De cuando en cuando, me he sentido abrumado por la frustración a causa de la negativa de los campos ortodoxos a aceptar los muy necesarios cambios en el campo de la salud.

Todavía hay muchas brujas ardiendo a su propia manera en la actualidad. La mente ortodoxa condena todo lo que no comprende. Cualquiera pensaría que los muchos avances tecnológicos que ha habido en los últimos años traerían consigo una saludable buena voluntad para examinar más de cerca los nuevos descubrimientos en el campo de la salud y permitirles demostrar su valor. A despecho de tan tremenda investigación y de tan sofisticada medicación en el campo médico, los procedimientos se han hecho odiosos e indeseables, atestados de multitud de efectos secundarios perjudiciales, y extremadamente costosos.

Los informes públicos revelan que ha habido un incremento sustancial de enfermedades, mientras los médicos admiten que no conocen la causa o la solución de muchas enfermedades «incurables». Y todo esto nos lleva a la conclusión de que se puede estar haciendo algo mal.

Estoy dispuesto y soy capaz de demostrar que este trabajo es superior a cualquier otro en el campo de la salud. Se podría poner a prueba hasta el máximo de sus posibilidades, y si pasa la prueba, se podría aceptar universalmente y utilizar para provecho de la gente, puesto que uno de los mayores actos humanitarios que se pueden hacer es el de aliviar el dolor y el sufrimiento.

Para las profesiones médicas, y para las leyes a las que ellos han dado existencia, ha llegado el momento del cambio –el momento de respetar y de darse cuenta de que las necesidades y los derechos del individuo son más importantes que el ego del médico o el poder de la ley. Creo que es perfectamente razonable y justo que **cada persona tenga el derecho de elegir el método de curación que desea**.

En el pasado, el enfermo y el doliente no tenían otro sitio al que recurrir en busca de alivio o de cura. Ahora hay otro método –y se le debería de dar la misma aceptación legal y respetabilidad que a aquellos que tan abundantemente han demostrado su incapacidad para curar, pero que han tenido el poder para controlar el tipo de curación que el público podía elegir.

Es de la máxima importancia que al enfermo se le permita utilizar un sistema de curación que tiene un largo y consistente historial de resultados positivos, absolutamente libre de costosos errores. Este sistema de precisión automática no admite disculpas personales, dado que es un método en donde el ensayo-error nunca está presente. Hasta ahora, ningún otro sistema ha sido capaz de producir nada que se pueda aproximar siquiera a los resultados pasados y presentes de este sistema.

Para mucha gente, Dios parece estar muy lejos;
Si esto es así, ¿quién se alejó?

DE PÁGINA UNO

73.000 ancianos mueren al año por errores y reacciones a las drogas, dice un estudio

por Nancy Weaver

Cada año, en este país, 73.000 ancianos mueren por reacciones adversas a las drogas o errores médicos.

En California, los problemas con los medicamentos llevan al hospital cada año a alrededor de 180.000 personas, cuyos cuidados sanitarios cuestan al estado más de 500 millones de dólares, afirmó Betty Yee, de la Oficina de Investigación del Senado en el Estado.

«Cada año, muere más gente de edad por causa de la medicación, no por enfermedad sino por reacción adversa a la medicación, que toda la gente que murió en Vietnam», dijo Kathy Borgan, del Centro de Dependencia Química para Mujeres de Sacramento.

Debido a que los ancianos toman alrededor de un 30 por cien de todas las drogas recetadas y un 70 por cien de todas las contra-medicaciones, son ellos los que experimentan más problemas con su uso, según los expertos en cuidados sanitarios de los mayores.

Las personas mayores, que a menudo sufren múltiples problemas de salud, pueden estar tomando varios medicamentos prescritos por más de un médico y pueden no ser conscientes de cómo entran en conflicto unos fármacos con otros, dijo Borgan, que trabaja en el programa educativo de medicación para mayores.

Los medicamentos tienen a menudo un efecto más fuerte sobre una persona anciana que sobre un paciente más joven, y el médico que la receta no puede darse cuenta de esa diferencia, dijo.

Por ejemplo, algunos medicamentos pueden persistir en el organismo durante más tiempo debido a que el hígado de una persona mayor no puede trabajar con tanta rapidez para eliminar las drogas, dijo Borgan, que da cursos a grupos de ancianos sobre utilización de drogas.

La mezcla de la contra-medicación puede contribuir a generar problemas con una prescripción, mientras que cada vez más, la gente mayor está compartiendo pastillas, utilizando drogas caducadas o sustituyendo medicamentos porque las prescripciones son demasiado caras.

«La medicina moderna hace posible que el anciano viva una vida más rica de lo que podríamos imaginar. Pero cuando las medicinas no cuadran con lo que el anciano necesita, se convierten en una amenaza», afirmó Betty Brill, presidenta de la delegación de Sacramento de la California Medication Education Coalition.

Brill urge a todos los pacientes para que les pidan a sus médicos que les expliquen los efectos secundarios potenciales y otras advertencias sobre los fármacos utilizados. Los familiares que noten algún cambio en el comportamiento u otros posibles efectos de problemas en la medicación, deberían de consultar al médico.

Gardis Mundt, miembro de Familias de Ancianos Sobremedicados, que se dedica a educar a la gente acerca de los usos de los medicamentos, comentó que estuvieron a punto de buscar ayuda médica para su madre por problemas de oído hasta que descubrieron que su pérdida de audición era sólo un efecto secundario temporal de su medicación.

Su madre estaba esperando a que Gardis Mundt consiguiera cita con el especialista cuando leyó la letra pequeña del prospecto del fármaco que le había dado su médico. El prospecto especificaba una potencial pérdida de audición como efecto secundario.

«Ella dejó de tomar el medicamento y entonces vimos que no necesitaba ayuda del especialista», dijo Mundt, que afirmó también que el médico de su madre no le había advertido de los efectos secundarios.

La Asociación de Farmacéuticos de California está patrocinando un programa de «bolsa marrón» para miembros de la asociación con el fin de cribar las prescripciones de los ancianos para evitar problemas tales como las interacciones peligrosas de drogas o los medicamentos caducados.

A las personas mayores se les anima a que pongan todas las drogas de su botiquín en bolsa de papel marrón para que las hagan examinar por un farmacéutico de los que participan en los diversos programas de criba que se realizan a lo largo del año. Para más información llame a la asociación, al teléfono 1-800-444-3851.

El uso de sedantes y de medicamentos que alteran la mente por parte de los ancianos en sus propias casas también se está convirtiendo en un grave problema. Borgan comentó que las personas mayores de este país toman también el 40 por cien de todos los antipsicóticos o tranquilizantes recetados, como el Valium, Haldol y Mellaril.

Borgan dijo que tales fármacos ayudan a menudo a la persona a sobrevivir a la pérdida de la pareja o de amigos, pero que deben de usarse con precaución.

«Esa generación tiene esa fórmula mágica de las pastillas. Están ansiosos por tomar medicamentos, demasiado ávidos por tomarlos», dijo Borgan. «Parte del problema es que son de alguna manera inocentes en algunos casos. Se están envenenando.»

ÍNDICE

Acerca del Autor 11
Agradecimientos 13
Prefacio 15

Introducción 17

CAPÍTULO I. El Purificador Maestro 31
Unas palabras acerca de las «epidemias» y de las enfermedades «causadas por los gérmenes» 32
El origen de la dieta de zumo de limón 39
El Purificador Maestro
o La Dieta de Zumo de Limón 52
   Objetivo 52
   Cuándo utilizarlo 52
   Frecuencia de uso 53
   Cómo hacerlo 53
   Acerca del uso de la miel 57
   ¿La dieta de zumo del limón es también una dieta adelgazante? 58
   ¿Cuánto hay que beber? 60
   ¿Cómo ayudar al proceso de limpieza? 61
   Otra ayuda para la limpieza: el baño interno de agua salada 62
   ¿Debo tomar «suplementos»? 63
   ¿Hará que me sienta mal o débil? 66
   Cómo dejar la dieta de zumo de limón 67

Receta para la sopa vegetal 68
*¿Cómo puedo conseguir el adecuado
aporte de proteínas?* 71
La alimentación de su bebé 73
¿Es bueno el ayuno de agua? 74
El don de la vida para Sheila 75
*Un nuevo tratamiento para una vieja
dolencia: la hidropesia (el edema)* 77
El sencillo arte de la nutrición 80
¿Y qué decir del uso de vitaminas? 84
Sugerencias de menú 87
    Leche de coco 89
    Leche de coco y sésamo 89
    Leche de almendras 90
    Mayonesa 91
    Aderezo francés 91
    Salsa blanca 91
    Variaciones a la salsa blanca 92
    Aderezo para ensalda vegetal n° 1 92
    Aderezo para ensalada vegetal n° 2 92
    Aderezo para ensalada de col n° 1 93
    Aderezo para ensalada de col n° 2 93
    Aderezo para ensalada de frutas n° 1 94
    Aderezo para ensalada de frutas n° 2 94
    La Bendición 95

Capítulo II. La Reflexología: el Vita Flex 97
Las cuatro dimensiones del Vita Flex 104
Primera dimensión 104
Segunda dimensión 105
Tercera dimensión 106
Cuarta dimensión 106
Los reflejos espinales 109

El colon (estreñimiento) 116
El estómago 118
Órganos prolapsados 121
*Los controles de la tensión arterial y del
corazón* 129
Los ojos y los oidos 131
Fórmula especial de gotas para los ojos 134
Trastornos respiratorios 135
El ajuste de las piernas 139
Alteraciones en los hombros 141
Parto sin dolor y reflejos pélvicos 142
Los puntos reflejos del recto 143
La ingestión de píldoras 146
*El ajuste de seis puntos para los huesos
y los arcos de los pies* 147
La cabeza 162
La increíble historia de rose 167
El tratamiento completo de vita flex 169
*Procedimiento general para un masaje
corporal completo* 173
El rodillo de pie 175
La utilización del vibrador 176

CAPÍTULO III. El Yoga 179
   Hatha Yoga 181

CAPÍTULO IV. Problemas y Necesidades
Especiales 193
   El abuso de las drogas 200

CAPÍTULO V. El Milagro de la Luz y el Color . 203
   Clasificación de los Colores 210
   Indicaciones generales para el uso del color 210

 Utilización de los doce colores 212
Los Colores Complementarios 225
El color forma parte de nuestra vida diaria 226
Combinaciones de colores 228
Programas de Tratamiento 229
Los elementos según la clasificación
del color 237
Bioquímica 238
Haga su vida más agradable con los colores 245

CAPÍTULO VI. Resumen y Conclusiones 247
Un milagro moderno 248
La verdadera historia del doctor J. 250
No más pastillas 250
El «irremediable» problema de Jill 251
Otro milagro moderno 252
La excitante historia de Joe 252
El verdadero enemigo 253
Una última palabra 263